내게 '여자의 의리'를 가르쳐준
이화여대 시절의 제자 지혜

나의 '튀는 유전자'를 물려받은
나의 조카 리나

하자센터의 '소녀들의 페미니즘'을 통해 만난
발칙한 여신 소녀들

이 자라나는 여신들에게
'미래에서 온 편지'를 띄웁니다.

# 미래에서 온 편지

내 안의 여신을 발견하는 10가지 방법

현경 지음 · 곽선영 그림

열림원

## 서문

『미래에서 온 편지』가 세상에 나온 지 벌써 12년이 흘렀다. 이 작은 책은 내가 쓴 모든 책들 중 가장 신비하고 이상한 책이다. 이 책이 내 책이라는 생각이 들지 않는다. 이것은 "그녀"의 책이다.

바람 부는 히말라야의 산골 마을에서 전기도 없이 이 책을 연필로 써 내려갈 때 누군가 이 책의 내용을 불러주고 있다는 느낌이 들었다. 왜냐하면 내용이 내 머리에 입력되는 속도가 내가 받아쓰는 속도보다 늘 빨랐기 때문이다. 마치 계시를 받는 것 같았다. 나는 그냥 채널이고 도구라는 생각이 책의 진도가 나갈수록 더욱 분명해졌다. 불러주는 속도를 따라가다 나중에는 팔이 너무 아파 잠시 중단했다 다시 쓰곤 했다. "그녀"의 신묘한 기운 때문이었을까? 이 책은 너무나 귀한 사람들을 내 삶으로 모시고 왔다. 이 작은 책을 자신들의 "성경책"이라고 부르며 항상 머리맡에 두고 잔다는 하자센터의 신나는 소녀들을 만났고, 아들이 군대 갈 때 가져간 단 한 권의 책이 바로 이 책이었다는 자상한 아버지의 편지도 받았다. 자존감과 자신감을 잃고 우울증에 빠져 있을 때 이 책을 읽고 다시 일어났다는 이메일을 여러 분야의 여성들로부터 받았다. 수천 개가 넘었던 그 이메일들에 가능한 한 꼭 답장을 하려 노력했다. 나는 그 답장들이 내가 "그녀"로부터 받은 말할 수 없이 큰 은혜에 조금이라도 보답하는 길이라고 믿었다. 한국, 미국, 프랑스, 영국, 독일, 스페인, 인도, 네팔, 캄보디아, 일본, 아르헨티나……. 지구의 여러 마을에 흩어져 사는 많은 한국의 딸들과 아들들이 이 책을 읽고 내게 말을 걸어왔다. 이 책을 영어와 일본어로 번역하겠다는 여성들도 나타났다. 12년이 지난 지금도 일주일에 한 번쯤은 내가 한 번도 만난 적이 없는 독자로부터 영혼의 옷을 벗는 이메일을 받는다. 나를 믿어주며 자신의 영혼의 속살을 보여주는 그들은 내게는 너무도 귀한 우주의 선물이다. 진정한 자기 자신을 찾아가려는, 자기 안의 여신을 태어나게 하려고 모진 산통을 겪고 있는 그들의 편지는 나를 항상 숙연하게 만든다. 그리고 이런 맑은 영혼들 덕분에 우리는 새롭고도 진화된 문명을 만들어갈 거라는 확신도 생겨난다.

　이 책이 "그녀"의 책이기 때문일 것이다. 나도 내 삶이 장애물에 걸려 넘어지고 내 인생의 갈피를 잡을 수 없는 순간이 오면 『미래에서 온 편지』를 다시 펴고 여신의 십계명을 큰 소리로 읽어내려간다.

여신은 자신을 믿고 사랑한다. 여신은 가장 가슴 뛰게 하는 일을 한다. 여신은 기, 끼, 깡이 넘친다. 여신은 한과 살을 푼다. 여신은 금기를 깬다. 여신은 신나게 논다. 여신은 제멋대로 산다. 여신은 과감하게 살려내고 정의롭게 살림한다. 여신은 기도하고 명상한다. 여신은 지구, 그리고 우주와 연애한다.

챈팅처럼 이 십계명을 반복해서 외다보면 산란하던 마음이 가라앉고 어딘가로부터 밝은 빛이 비쳐오는 것을 경험한다. 그러면 다시 힘이 솟고 이 세상에 해결하지 못할 문제는 하나도 없다는 생각이 든다.

12년 동안 내 삶으로 찾아든 많은 이들의 믿음과 사랑에 힘입어 이 묘한 책을 다시 펴낸다. 그들이 "그녀"의 책에서 자신의 삶을 바꾸는 힘을 얻었듯이, 다가오는 세대의 젊은 독자들도 여신의 힘을 통해 자신과 세계를 살려내는 힘을 얻을 수 있기를 진심으로 기원한다. 그동안 여러 가지 방법으로 나를 격려하고 도와주신 열림원의 많은 따뜻한 분들께 마음 깊이에서 감사를 올린다.

2013년 성탄절을 기다리며
뉴욕의 눈 쌓인 지붕 위 집에서
현경 모심

프롤로그

# 자매애는 강하다

    1999년, 2000년. 20세기의 끝에 나는 히말라야로 순례를 떠났다. 수많은 성자들이 '마음의 고향'과 '참나'를 찾았던 그곳에 죽기 전에 한번 꼭 가보고 싶었다. 그곳에 가서 나는 어머니 지구의 속마음과 만나는 경험을 했다. 그리고 그곳을 거점으로 내가 그동안 배우고 연구해왔던, 성자들의 탄생지, 활동지를 찾아 긴 순례 여행을 떠났다. 부처, 모세, 예수, 마호메트—불교, 유대교, 기독교, 이슬람교의 성자들과 신들. 그들은 모두 남자였다. 그 순례의 끝에 나는 그들 모두에게 '잠정적인' 작별 인사를 했다. 지금까지 거의 40년 세월을 그들의 깨달음, 가르침을 배우느라 시간을 다 썼으니 앞으로 40년은 여자 성자들, 여신들의 깨달음과 가르침을 배우는 데 나의 온 정열을 바치고 싶다고. 그러니 40년 후에 다시 만나자고. 그때는 남신과 여신이 만나 하나가 된 온전한 깨달음과 가르침으로 더욱 큰 기쁨과 진리를 세상과 나눌 수 있을 거라고.

그때까지 편안하시라고……

 그 후 나는 예루살렘으로 가 그곳 박물관에서 많은 시간을 보내면서 유대교, 기독교 이전 여신들의 흔적들과 만났다. 흙으로 된 작은 여신상들은 신이 여성이던 시대의 온갖 비밀들을 내게 속삭였다. 그다음엔 요르단으로 떠났다. 아직도 아르테미스, 아프로디테 등 여신들의 거대한 신전들이 남아 있는 그곳에서 여신을 만나기 위해서였다. 히말라야로 돌아온 후에도 여신과 여성 성자를 찾아, 칼리의 신전으로, 타라를 모셔둔 절로, 요기니와 다키니들이 춤추고 있다는 성소로, 티베트 사람들의 정신적 어머니 예셰 초겔의 발자취를 따라 열심히 순례 여행을 계속했다.

 순례의 끝에서 나는 나의 '전생'이 끝나는 신비한 경험을 했다. 나의 '참을 수 없는 존재의 가벼움Unbearable Lightness of Being'이 '즐거운 존재의 가벼움Delightful Lightness of Being'으로 바뀌는 경험이었다. 그 순간, 어린 시절부터 그토록 오랫동안 물어왔던 "나는 내 삶에서 진정으로 무엇을 원하는가What do I really want in my life?"라는 질문이 없어지면서, '삶이 내게 원하는 것What life wants from me'을 그냥 순간순간 하며 살고 싶어졌다. 또한 적어도 태어나 지금까지의 밥값은 하는 사람, 이 세상을 떠날 때 그동안 먹은 밥값은 갚고 가는 사람이고 싶어졌다. 나는 만약 죽을 날이 며칠 남지 않았다면, 밥값을 하기 위해 무엇을 해야 할까 곰곰 생각해보았다. 그런데 그것은 25년간이나 열심히 공부해온 내

분야의 논문을 더 쓰는 것도 아니었고, 지금껏 나를 사랑하고 미워했던, 또 내가 사랑하고 미워했던 인간들을 만나 인연의 매듭을 푸는 것도 아니었다. 이미 마음속에서 다 풀었으니 굳이 그들을 다시 만날 필요가 없었다. 그렇다고 어디 특별히 갈 곳이 있다는 생각도 더 이상 들지 않았다. 우주가 나를 부르면 언제라도 가볍게 깃털처럼 날아서 우주의 가슴으로 돌아갈 수 있을 것 같았다. 그때, 전에 내가 히말라야 산속을 헤맬 때 "안아, 푸르나?" 하고 내 마음이 푸르냐고 묻던 '그녀'의 목소리가 생각났다. 그리고 이제 막 열여덟 살이 된 조카 리나에게 편지를 쓰라고 했던 '그녀'의 지령이 떠올랐다. 그 유서 같은 편지를 쓰는 것이 아마도 내가 평생 먹은 밥값을 하고 가는 방법이 아닐까 생각했다.

그래서 매일매일 눈 덮인 만년설이 내다보이는 산골 마을의 골방에 앉아, 촛불 아래서 하루에 열다섯 시간도 넘게 리나에게 보내는 편지를 썼다. 그곳은 『폭풍의 언덕』의 워더링 하이츠처럼 매일 바람이 부는 곳이었다. 전기도 차도 없는 그 산 위의 마을에서 나는 신들린 여자가 '공수'하듯 매일 글을 써내려갔다. 나중에는 손이 너무 아프고 눈이 안 보여 더 이상 글을 쓸 수 없는 지경에까지 이르기도 했다. 그럴 때면 바람 부는 인적 없는 산 위에 올라 사막을 가로지르며 유유히 흘러가는 칼리간다키 강을 바라보곤 했다. 그리고 이렇게 생각했다. '모든 흐르는 것은 아름답다. 눈물, 빗물, 강물, 우리의 덧없는 삶······.' 모든 것이 타버리고 재만 남은 듯한, 빗물에 씻겨 하얘진 해골의 아름다움처럼, 그 사막은 내게 '비어 있음'의 아름다움을 가르쳐주었다. 나의 '글쓰기 오빠' 앤드루가 말했던 내게 맞는 애인, '모든 게 다 타버려 해골만 남은 사람, 그것이 빗물과 바람에 씻겨 백옥같이 하얘진 사람, 그리고 그 속에서 백만 송이 붉은 장미를 피워내는 사람', 그 멋있는 애인을 사람의 모습으로가 아니라 광대한 빈 공간인 히말라야의 땅의 기운 속에서 만났다. 다 타버렸지만 내 세포 하나하나가 그 안에서 생명을 향한 꿈틀거림을 느낄 수 있었던, 그 바람 불던 산 위의 마을. 나는 그곳에서 내 인생에서 가장 정성스러운 '연애편지'를 썼다. 남자와의, 남신과의 다 타버린 사랑 끝에 여자에게, 그리고 태어나는 여신에게 쓴 연애편지를, 연필로 종이에다 쓰는 연애편지가 아니라 날카로운 칼끝으로 온몸에다 문신 새기듯 그렇게 이 유서 같은 연애편지를 썼다.

이 편지는 식민주의가 팽배했던 시대에 태어나 그 어떤 것에 의해서도 '식민지화'되기를 거부했던, 그리고 어떤 고통과 배반에도 불구하고 끝까지 삶을 사랑하기를 포기하지 않았던 나의 할머니, 나의 어머니, 그리고 나의 세대가 겪어온 삶의 진실, 그 결정이다. '사리' 같은 이야기들이다. 우리가 몸과 영혼을 깎아내며 배웠던 이 '식민지화될 수 없는 여자'들의 삶의 지혜를, 조카 리나처럼 이제 성인 여성으로서의 삶을 시작하려는 젊은 여성들에게 알려주고 싶었다. 우리 세대가 고통 속에서 깨달은, 살아가는 기술·예술·나침반을 리나 세대에게 구체적으로 알려주기 위해 컴퓨터 사용법처럼, 스쿠버다이빙 교습법처럼, 비행기 조종법처럼 이 글을 썼다. 어떤 의미에서 젊은 여성들에게 삶의 파도타기를 가르쳐주려 한 것이다. 어떤 삶의 파도가 몰려오더라도 파도에 허우적거리지 않고, 멋있는 서퍼처럼 신나게, 도도하게, 그리고 아름답게 그 파도를 즐기는 법을 말이다. 우리는 삶이 주는 거친 파도들을 막을 수는 없지만 그것을 멋지게 타는 법을 배울 수는 있다.

리나가 성인이 되어 살아갈 세상은 지구화 최후의 발악이 지구를 죽이려는 모습으로, 모든 다름을 죽이려는 모습으로 나타나는 어려운 시기일 것이다. 그러나 동시에 이 시기는 동서양의 많은 성자들이 예언했듯이 '여성적인 힘'이 지구 문명을 전적으로 변화시키는 때이기도 할 것이다. 나는 지금 일어나고 있는 미국 자본주의의 아프가니스탄 종교근본주의에 대한 공략을 이 '최후의 발악'의 전형적인 예라고 보고 있다. 가부장적 자본주의와 가부장적 종교근본주의가 서로 맞붙을 때 우리는 두 가지 선택밖에는 할 수 없다. 그들이 '마초주의'로 어머니 지구를 살해하고 그 속의 모든 생명을 죽이는 걸 방관하다가 지구와 함께 죽어가든지, 아니면 당장 그 '미친 발광'을 중지시키고 어머니 지구와 생명을 지키기 위한 전사들로 분연히 일어나 그들을 무장해제시키든지, 우리는 둘 가운데 선택해야 한다.

나는 세계 곳곳에서 일어나고 있는, 또 앞으로 더욱 우후죽순처럼 일어날 이 '생명지킴이' 전사들을 '살림이스트Salimist'라고 부르고 싶다.

그들은 바로 '지구 살림 민병대' 전사들이다. 그들이 몰고 올 새로운 생명의 바람, 푸른 숲처럼 자라날 새로운 문명의 탄생에 비하면 우리가 지금 겪고 있는 이 전쟁과 폭력은 마지막으로 타들어가는 마른 장작에 불과하다고 나는 생각한다. 서로의 '다름'을 인정하고 축하하는 지혜, 정의와 보살핌, 나눔과 사랑, 자비와 창조성에 근거한 새로운 '살림' 문화가 우리를 향해 다가오고 있다. 그 문화 속에서는 생명과 영적인 진보가 무엇보다도 중요한 가치를 지니게 될 것이다.

이 글은 그 문화를 만들어갈 생명지킴이들, 지구 살림 민병대 살림이스트 전사들에게 보내는 '여신의 십계명'이다. '미래에서 온 편지'이다. 이 여신이 태어나는 과정에서 죽어도 식민지화는 '아니' 되면서 여신의 생명과 깨달음을 지켜온, 과거와 현재와 미래의 여러 자매들에게 감사드린다.

"아직도…… 자매애는 강하다!"

(Still…… Sisterhood is powerful!)

2001년 12월
21세기 처음 맞는 성탄절을 기다리며
서울의 흐린 하늘 밑에서
현경

차례

서문 5
프롤로그: 자매애는 강하다 8

1. 여신은 자신을 믿고 사랑한다 17
   I Found the Goddess Within Me and I Loved Her Fiercely!

2. 여신은 가장 가슴 뛰게 하는 일을 한다 37
   Follow Your Bliss! Then, the Universe Will Open the Door for You.

3. 여신은 기, 끼, 깡이 넘친다 57
   Be a Wild Woman, You Salimist Woman Warrior!

4. 여신은 한과 살을 푼다 81
   Long Live the Power of Anger for the Work of Love.

5. 여신은 금기를 깬다 111
   Break Taboo! Dance on the Sword!

6. 여신은 신나게 논다  141
   Celebrate! I Am a Woman Giving Birth to the Goddess.

7. 여신은 제멋대로 산다  161
   Walk in Beauty, Live in Beauty, Love in Beauty!

8. 여신은 과감하게 살려내고 정의롭게 살림한다  189
   She Touches, She Changes, Everything She Touches Changes.

9. 여신은 기도하고 명상한다  215
   Breathe In, Breathe Out, I Am Blooming like a Flower.

10. 여신은 지구, 그리고 우주와 연애한다  233
    Yes, Si, Oui, Find a River and Say Yes to It's Flow.

살림이스트 선언 · SALIMIST Manifesto  250
여성의 영혼을 치유하는 음악: 제니퍼 베레잔의 명상음악 순례  261

# 1

## 여신은 자신을 믿고 사랑한다

I Found the Goddess Within Me
and I Loved Her Fiercely!

리나.

이모가 이 세상에 와서 깨달은 것 중에 가장 중요한 것을 고백한다면, 그것은 바로 내 안에 있는 여신을 발견한 거야. 이 여신은 모든 사람 속에 존재하지. 그러나 많은 사람들은 죽을 때까지도 이 여신의 존재를 인식하지 못하고 자기 밖에서 삶의 해답을 찾으려고 헤매는 것 같아. 그러나 이 존재를 자기 안에서 찾아내고, 그녀의 목소리를 듣고, 그 목소리를 따라 살아가는 사람들은 여신이 되는 거야. 나는 리나 안에 있는 여신이 보여. 그리고 모든 사람 속에서 태어나려고 몸부림치는 여신들이 보이지. 그래서 나는 리나를 태어나고 있는 여신이라고 생각하면서 이 십계명을 전하고 싶어.

미국의 어느 흑인 여성 작가는 "나는 내 안에서 여신을 발견했어. 그리고 그녀를 지독하게 사랑했어I found the Goddess within me and I loved her fiercely!"라는 말이 나오는 연극 대본*을 썼지. 많은 미국 여성들이 이 작품에 환호했어. 이모도 처음 이 연극의 제목을 보았을 때 마치 무슨 '계시'를 받은 것처럼 흥분했어. 바로 이거야. 여신이 되는 가장 중요한 길은 자신을 사랑하는 데 있어.

하지만 사실은 이게 가장 어려운 일이야. 자신을 사랑하는 것. 수많은 여성들이 매를 맞으면서도 그렇게 때리는 남자와 같이 살고, 자신감이 없어 자기 생각이나 일에 대해 확신을 가지지 못하고, 정의롭지 못한 관계나 시스템에 대해 'No!'를 할 수 없는 이유. 그게 모두 자신을 사랑하지 않는 데서 시작되는 거야. 자신을 사랑하지 않는 사람은 자신을 믿지 못하지. 자신을 사랑하지 못함과 자신을 믿지 못함은 달걀과 닭처럼 서로의 원인과 결과가 되지.

많은 경우 우리는 이기적일 수는 있을지라도(이기주의는 자기 사랑과 거의 반대되는 개념이야) 자기 자신을 사랑하기는 어려워. 특히 이 5천 년 가부장문화를 살아온 여성들이 자기를 사랑하는 것은 정말 쉽지 않단다. 가부장제는 여성 혐오로 정의되거든. 가부장제는 여성을 무시하고, 미워하고, 악마화하면서 자신의 힘을 구축해온 제도야. 물론 그러는 중에 남자들이 뽑은 착한 여자, 아름다운 여자, 성스러운 여자들이 남자들에 의해 사랑받고 숭상되긴 했지. 그러나 그들의 가치는 남자들이 자신들

---

\* Ntozake Shange, 〈For Colored Girls Who Have Considered Suicide When the Rainbow Is Enuf〉, New York: Macmillan, 1975.

의 필요와 상상력과 욕구에 의해 만들어놓은 철저한 규율을 지킬 때에 한해서, 남자들이 그어놓은 금을 넘어가지 않을 때에 한해서 인정받아 왔어. 거기서 한 발자국이라도 이탈하면 그때부턴 못된 여자, 미운 여자, 악마 같은 여자가 되어버리는 거지.

이제는 많이 나아졌지만 이 세상의 여러 곳에서 부모들은 수태가 되기 전부터 아들을 낳을 것을 기다리고, 임신을 하면 아들일 것을 기대하고, 그러다 아들을 낳으면 잔치를 하고 딸을 낳으면 눈물을 흘렸지. 급기야는 딸을 낳으면 그 자리에서 죽이는 곳도 있었어. 의술이 발달하자 태아의 성을 감별해서 딸이면 낙태를 시켰지. 살아남은 딸들도 자라나면서 아들들과 동등하게 대우받지 못했어. 많은 경우 아들들에게 더 많은 관심, 사랑, 음식, 교육이 주어졌지. 아들, 딸이 정말 평등하게 자라나는 곳은 아직도 이 세상에 그리 많지 않아.

또, 행운아로 부모가 평등하게 딸과 아들을 키우는 집안에서 태어났다고 하더라도, 부처님이나 예수님 같은 아버지와 마리아나 관세음보살님 같은 어머니의 사랑 속에서 자라나지는 못했지. 우리 중 거의 모두가 완벽하지 않은, 자기 문제에 싸여 고민하는, 정신적으로 성숙하지 못한 부모 밑에서 자라났기 때문에 우리가 필요로 하는 만큼의 사랑과 격려를 충분히 받지 못한 경우가 많아. 사랑을 충분히 받지 못했을 뿐만 아니라, 많은 경우 부모에 의해 감정적으로 내버려지거나, 그들의 문제 때문에 화풀이의 대상이 되거나, 학대를 받기도 했지.

사랑을 충분히 받아본 사람만이 자신을, 또 남을 자연스럽게 사랑할 수 있어. 그런데 우리 중 많은 사람들은 부모들로부터 우리가 원하는 사랑을 받지 못했지. 또 어떤 부모들은 우리를 많이 사랑하면서도, 그 사랑이 그들의 이루지 못한 꿈, 표현하지 못하는 욕망들로 착색되어 그들이 우리를 더 많이 사랑할수록 우리는 더 숨이 막혀가기도 했지.

이러한 이유들 때문에 우리 중 대부분이 자연스럽게 자신을 사랑하지 못해. 부모뿐만 아니라 사회, 문화, 정치, 경제, 종교 등 모든 것이 지금까지는 남성 위주로 남성의 특권을 유지하는 방향으로 표현되어왔기 때문에 여자로 태어나서 살아간다는 그 자체가 우리에게 장점보다는 단점으로 작용하고 우리를 자기혐오에 빠지게 하는 경우가 많았어. 이러한 여성의 자기혐오 과정은 여성을 상품화, 노예화, 성적 대상화하는 자본주의 제도와 오랫동안 지구상에서 그 힘을 유지해온 식민주의, 문화제국주의에 의해 더욱 강화되어버렸지.

그렇기 때문에 여성들이 '자신을 믿고 사랑한다'는 것은 거의 종교적일 정도의 회개와 결단, 그리고 실천을 요구해. 자연스럽게 자신을 믿고 사랑하기가 어렵기 때문에 그렇게 하기로 결단하고 대단한 노력을 기울여야 하지.

이모가 매 맞는 여성들에 대해 연구한 적이 있어. 왜, 도대체 어떤 여자들이 매를 맞고 살까 궁금했거든. 연구에 들어갈 때만 해도 나는 가난하고 무식한 여자들이 매 맞고 산다고 막연히 생각했어. 그런데 연구 결과는 그렇지가 않았지. 매 맞는 여성은 계급, 계층, 학벌, 인종에 관계없이 어디에나 존재했어. 그리고 때리는 남자에 대해서도 연구가 진행됐는데, 우리가 일반적으로 생각하듯이 무식한 술주정뱅이 남자만 여자를 때리는 것이 아니라 모든 계급, 계층, 학벌, 인종의 남자가 여자를 때린다는 것이 밝혀졌어.

  이 연구를 통해 나는 중요한 심리학적 통찰을 얻게 되었어. 여성들이 한두 번 맞다가, 그러니까 구타 초기에 그것을 바로잡지 않으면 나중에는 구타에 타성화되면서 '학습된 무기력성 Learned Helplessness'에 빠지게 된다는 것. 즉, 여자가 계속 얻어맞으면서 살다 보면 자기도 모르는 사이에 자신은 아무것도 할 수 없는, 이 상황을 헤쳐나갈 힘이 없는, 벌레만도 못한 존재라고 믿게 되지. 그러면서 서서히 자기를 미워하게 Self-Hate 돼. 이렇게 자기를 미워하는 사람은 삶에 대한, 자기에 대한 자신감 Self-Confidence을 갖기 어려워. 그래서 매 맞는 여성들을 위한 쉼터 같은 기관에서 발표한 보고에 의하면, 여성들을 그렇게 매 맞는 위험한 상황에서 빼내어 독립할 수 있도록 재교육을 시키고, 집을 얻어주고, 직업을 구해줘도 상당수의 여자들이 자신을 때렸던 남자들에게 다시 돌아간다고 해. 그들에게는 매 맞는 것에서 느끼는 익숙함이 새롭게 삶을 개척해나가는 데서 오는, 새로운 도전에서 오는 두려움보다는 더 편안하게 느껴지는 거야.

그런데 그 때리는 남자들에 대한 연구가 아주 재미있어. 이 남자들은 근본적으로 여자를 동등한 파트너로 존중하지 않아. 그 정도가 아니라 속으로는 여성을 혐오하고 무시하면서 또 한편으론 두려워하지. 그리고 여자를 눌러야 자신의 '남성성'이 발휘된다고 믿어. 그러면서도 이 남자들은 자신이 여자와 가까워지고 싶어 하며, 그 여자를 사랑한다고 굳게 믿는다는구나. 그래서 그 남자들이 하는 말이 "내가 너를 사랑하기 때문에 널 때리는 거야 I love you. That's why I hit you!"인 거야. 이런 장면, 영화에서 많이 봤지?

그래서 미국의 매 맞는 여성들을 위한 쉼터 중 하나에서는 여성의 의식화만으로는 문제가 해결되지 않으니까 때리는 남자들을 위한 재활교육Rehabilitation Education을 시키자고 제안을 했고, 정말 괜찮은 페미니스트 남자들을 모셔다 때리는 남자들을 교육하게 했대. 그런데 일 년이 넘는 교육과정을 거치면서 페미니스트 남자 교육자들이 고백하기를, 때리는 남자들의 이야기를 깊이 경청하다 보니 자신들도 그 남자들과 별로 다를 것이 없다는 것을 발견하게 되었다. 그랬다지 뭐니? 그러고는 거의 종교적인 고백을 했다는구나.

"가부장제 안에서 남자는 여성 혐오자로 정의된다."

(In patriarchy, man, by definition, is a woman hater.)

슬픈 일이지? 이 가부장제가 아직 청소되지 않은 현 지구 문명 속에 사는 여성들은, 어떤 의미에서 그들이 육체적으로 얻어맞든 안 맞든 상관없이 다 매 맞는 여자들이야. 꼭 몸으로만 때리는 게 아니지. 말로, 이미지로, 눈빛으로, 보디랭귀지로, 불평등한 사회제도로, 미디어로, 종교적 상징들로 얼마든지 여자들을 때릴 수 있는 거야. 너무 예쁘다고, 너무 못생겼다고, 너무 개성이 강하다고, 너무 개성이 없다고, 너무 뚱뚱하다고, 너무 말랐다고, 너무 똑똑하다고, 너무 멍청하다고, 너무 기운이 세다고, 너무 기운이 없다고, 너무 색을 밝힌다고, 너무 색을 못 쓴다고, 너무 능력이 있다고, 너무 무능력하다고, 너무 사교적이라고, 너무 사회성이 없다고, 너무 지독하다고, 너무 순해 터졌다고, 너무 어리다고, 너무 늙었다고, 너무 성녀 같다고, 너무 창녀 같다고, 아니면 너무 평범하다고, 이것도 저것도 아니고 물에 술 탄 듯, 술에 물 탄 듯 아무것도 아니라고 말이야. 그 어떤 여자도 남자들이 자신들의 편의와 기분에 따라, 자신들의 권력 유지를 위해 제멋대로 만들어놓은 엉터리 기준에 완벽하게 들어맞을 수는 없어. 정말 이룰 수 없는 임무야 Truly, Mission Impossible!

가부장제 안에서는 모든 미추美醜, 선악, 진위가 남자들의 기준에 의해 만들어지고, 그들의 권력 제도 안에서 인정되는 만큼만 정당성이 확보되기 때문에 그 기준에 완벽하게 맞출 수 없는 거의 모든 여자들은 항상 '나는 못난이야. 나는 가치가 없어. 나는 바보야' 이런 자기 이

미지Self-Image 속에 살기가 쉽지. 여기서 '자기혐오 → 자신감 결여 → 학습된 무기력성'이라는 심리적 악순환에 빠지게 되는 거야. 이건 마치 알코올 중독이나 마약 중독 같아. 서서히 시작되다 결국에는 죽게 되는.

그래서 여기서 빠져나오는 길은 마치 알코올 중독이나 마약 중독에서 빠져나오는 것처럼 어려운 과정이야. 가부장제의 독을 빼내는 필사의 노력을 해야 비로소 치유된 여성이 될 수 있어. 그러나 진정한 자아를 찾고 자신이 진정으로 원하는 삶을 살아내기 위해서는 이 과정이 가장 기본적인 필수과목이지. '자기혐오 → 자신감 결여 → 학습된 무기력성'이라는 근본적인 장애물을 뛰어넘어야 그다음에 많은 것이 가능해지는 거야.

그럼 거의 '유전병' 같은 '자기혐오 → 자신감 결여 → 학습된 무기력성'에서 어떻게 치유될 수 있을까? 여러 가지 방법이 있을 거야. 이모가 체험에 의해 깨달은 방법은 다음과 같아.

### 자신을 믿고 사랑하기 위한 준비 과정

첫째, 자기를 믿고 사랑하겠다고 굳은 결심을 해야 해. 결단을 내리는 거지.

어떤 상황 속에서도 자기를 미워하지 않겠다고, 그리고 자기를 사랑하려고 노력하겠다고 결단하는 거지. 물론 실수를 저지를 수도 있고, 못된 짓을 할 수도 있어. 그때마다 그것을 시정해야지, 그것 때문에 자기를 미워하는 함정에 빠져선 안 돼.

둘째, 지금까지 자신을 믿지 않고 미워한 것에 대해 깊이 회개해야 해. 얼굴이 못생겼다고 비판했다면 얼굴에게 깊이 사과를 해야 하고, 머리가 나쁘다고 불평했다면 뇌에게 사과해야 해. 그리고 성질이 못됐다고 자학했다면 그 못된 성질을 가지고 괴롭혀온 자신의 마음에게 사과해야 해. 그리고 그들 모두에게 감사하다고 말해야 해. 있어주셔서, 그냥 존재해주시는 것만으로도 감사하다고.

셋째, 아주 중요한 일이나 이 세상에서 가장 사랑스러운 사람을 대하듯 자신을 대해주어야 해.
이걸 습관화해야 해. 큰 사랑의 에너지를 받는 모든 오브젝트들은 강해지고 아름다워지지. 사랑을 많이 받은 사람들과 동식물들을 봐. 그들은 생명과 창조의 에너지로 가득 차 있어. 우리 모두는 그런 지속적인 사랑을 누군가에게 받고 싶어 하지. 부모, 스승, 애인, 친구 등등. 우리 중 몇몇 행운아들은 그런 사랑을 받을 기회가 있을 수도 있지. 그러나 그 누구도 영원히 계속해서 그 사랑을 받을 순 없어. 우리에게 사랑을 주던 사람들의 삶의 위기 때문에, 아니면 그들이 병이 들어서, 아니면 죽음 때문에 언젠가는 그 사랑의 지원이 끊어지게 돼. 누구보다 끊임없이 우리가 죽을 때까지 우리에게 사랑을 줄 수 있는 존재는 우리 자신과 우리를 지켜주시는 신들뿐이지.

리나, 네가 정말 받고 싶은 사랑의 형태가 있다면 그것을 네가 네 자신에게, 지금 당장, 여기서 주도록 해. 마치 너에게 갑자기 너무나 작은 예쁜 어린아이가 생겼고, 네가 엄마가 된 것처럼. 그래서 네가 그 어린아이에게 가장 아름다운 엄마의 사랑을 주듯이 너 자신에게 그런 사랑을 베풀어봐. 네가 사랑하는 아이에게 하듯 너 자신을 잘 먹이고, 잘 입히고, 잘 운동시키고, 잘 재워.

이모는 삶에서 나 자신의 가치에 대해 의심하면서 자기혐오, 자기 연민, 자기 학대에 빠진 적이 종종 있었어. 충분히 심사숙고를 안 해서 큰 실수를 저질렀을 때, 사랑하는 남자가 나 몰래 다른 여자와 바람을 피웠을 때, 또 그가 갑자기 나를 떠났을 때, 나의 연구업적이나 작업들이 좋은 평가를 못 받았을 때 등 나 자신이 너무나 멍청하고, 추하고, 비참하게 느껴졌던 때가 한두 번이 아니었어.

그럴 때마다 다짐했지. 이 일들 때문에 나 자신을 미워하지 않겠다고. 그럴 때 슬럼프에서 벗어나는 몇 가지 좋은 구체적인 방법들이 있어. 다음의 방법들이야.

### 자기 긍정 Self-Affirmation

내가 너무 추하고 밉게 느껴질 때는 거울 앞에 옷을 벗고 서서 나에게 온갖 사랑의 에너지를 보내며 그것으로 온몸을 감쌌어. 그러고는 나 자신에게 이렇게 말했지.

"현경, 너를 사랑해. 나는 네가 진실하다는 걸 아니까."

"현경, 너는 아름다운 여자야."

"현경, 너는 할 수 있어."

아니면 내가 가장 바라는 내 모습을, 그 상황들을 이미 일어나고 있는 현재형으로 내게 말해주는 거야.

"현경, 너는 지혜와 자비가 넘치는 깨달은 여자야."

"현경, 너는 창조적이고, 신나고, 재미있는 신학자야."

"현경, 네 신학은 진짜 섹시하고, 네 신학 내용을 듣는 모든 사람들은 오르가슴을 느껴."

"현경, 너는 여신 세상을, 녹색생명이 춤추는 살림문화를 만들어내고 있어."

"현경, 너는 가장 아름다운 이와 사랑을 하고 있어."

"현경, 너는 벨리댄스를 추고, 스쿠버다이빙을 하는 여승이야."

이런 자기 긍정이 처음에는 우습게 들릴 수도 있어. 말도 안 되는 자기최면 같고, 속임수 같지. 그러나 우리의 감정을 관장하는 우뇌는 어린아이와 같아서 자꾸 말해주다 보면 그것을 믿게 되고, 그것에 따라 자기에게 걸맞은 에너지를 내게 되고, 또 그 에너지에 따른 행동을 유발하지.

그러니까 리나, 네가 가장 원하는, 가장 사랑하고 싶은 너의 모습을 화장실 거울에, 네 수첩 속에, 네 지갑 속에, 네 책상 위에, 네 일기장 첫 장에 써놓고 기회가 생길 때마다 큰 소리로 그걸 읽어. 주문을 외듯이, 만트라를 하듯이, 외국어 단어를 외우듯이 계속 반복하는 거야. It works! Try!

### 연애편지 Love Letter

너 자신에게, 가장 아름다운 애인에게 사랑을 고백하는 연애편지를 쓰듯 연애편지를 써서 네가 받을 수 있는 곳(학교, 직장 등)의 주소로 부쳐봐. 그 편지 속에 너는 너의 어떤 점을 왜 사랑하는지, 네가 얼마나 멋있고 아름다운 여자인지, 네가 받고 싶은 온갖 사랑의 찬사를 써서 보내는 거야. 어떤 사람에게나 한 가지 아름다움은 꼭 있어. 너의 부족한 점, 못난 점을 자꾸 강조하지 말고, 네가 잘하는 점, 너의 아름다운 점을 강조해. 그러다 보면 네 장점의 기운이 단점의 기운보다 훨씬 커져서 그것을 감싸 안고 극복하게 되지.

### 처녀 일기 Virgin Diary

아침에 일어나자마자, 무엇을 하기 전에, 누구를 만나기 전에 너 자신에게 가장 순수한 시간(이모는 이걸 'Virgin Time(처녀 시간)'이라고 불러)을 주도록 해. 30분 내지 한 시간쯤. 그러고는 일기장을 꺼내 아무 생각이나 떠오르는 대로 세 쪽 정도를 매일 써. 간밤에 꾼 너의 꿈에 대해서, 오늘 하고 싶은 일에 대해서, 너의 미래의 계획에 대해서, 네가 지금 느끼는 느낌에 대해서. 아무것이나 좋아. 이렇게 매일 쓰다 보면 너의 삶의 패턴들이 지도처럼 보이게 되지. 이모는 이것을 『아티스트 웨이 Artist's Way』라는 책에서 배웠어. 이 책은 예술가가 되고 싶은 모든 사람들, 그러나 되지 못한 사람들을 예술가로 재활시키는 책이야. 이렇게 매일 나에게 시간과 에너지를 주면 가장 근사한 선물을 매일 아침 받는 기분이란다.

### 제단 Altar

너의 방이나, 네 방이 없다면 공원의 한구석이나 어느 한 장소를 너의 성지 Holy Place로 정하고 그곳을 네가 성스럽게 여기는 '파워 오브젝트 Power Object'들로 꾸며봐. 성경책, 불경, 예수님·부처님·여신들의 사진, 혹은 네가 좋아하는 사람들이나 닮고 싶은 사람들의 사진, 아니면 아름다운 조약돌, 깃털, 꽃, 초, 향, 물, 음악 등, 무엇이든 네게 힘을 주는 오브젝트들로 성스러운 제단을 만들고, 그 구석에 앉아 네가 되고 싶은 너 자신, 너의 가장 와일드한 꿈들, 그 모든 것들을 상상하며 너 자신에게 마술을 걸어봐. 그래서 가장 이상적인 상황 속에서 살아가는 네 모습을 관찰하는 거야. Enjoy it!

### 데이트 Date

자신을 가장 멋있는 애인이라고 생각하고, 가장 신비롭고 쿨cool하고 기막힌 곳이라고 생각되는 곳에 너 자신을 모시고 가는 거야. 그리고 자신에게 가장 사랑스러운 말을 속으로 속삭이며 너 자신하고 데이트를 하는 거지. 그곳이 아름다운 식당이든, 기막히게 맛있는 호떡집이든, 박물관이든, 무대든, 콘서트장이든, 강의실이든, 영화관이든, 아니면 데모 현장이든 상관없어. 적어도 일주일에 한 번씩은 너 자신과 데이트를 나가. 그리고 너 자신과 연애하는 거야.

자기를 믿고 사랑하는 사람이 다른 사람들도 진정으로 믿고 사랑할 수 있지. 사랑은 능력ability이고, 예술art이고, 기술skill이야. 체육관에서 열심히 보디빌딩을 하며 강한 근육을 만들어가듯 리나 너도 사랑의 근육을 만들어가봐.

이모가 나 자신을 믿고 사랑하기 어려울 때마다 듣는 음악, 보는 영화, 읽는 책, 그리고 실천하는 명상들이 있어. 리나에게 참고가 될까 해서 알려줄게.

## 음악

한영애, 〈따라가면 좋겠네〉

에디트 피아프, 〈Non, Je ne regrette rien〉

셰어, 〈Believe〉

## 영화

도리스 되리 감독, 〈파니 핑크〉

블라디미르 멘쇼프 감독, 〈모스크바는 눈물을 믿지 않는다〉

헬렌 리 감독, 〈샐리의 애교점〉*

## 책

앨리스 워커, 『어머니의 정원을 찾아서』

앨리스 워커, 『컬러 퍼플』

이사벨 아옌데, 『에바 루나』

## 명상

여기서 소개할 명상은 이모가 존경하고 따르는 영적인 스승으로 베트남 출신의 평화운동가이자 불경학자, 시인, 선사이신 틱낫한Thich Nhat Hanh 스님에게 배운 거야. 자기혐오에서 벗어나게 하고, 자기를 사

---

\* Sally's Beauty Spot. 미국과 캐나다에서 활동 중인 한국인 독립영화 감독의 작품.

랑하게 하는 좋은 명상이지.

  네가 편하게 느끼는 곳, 안전한 곳, 남에게 방해를 받지 않을 곳에 가부좌를 하고 앉거나, 의자에 편하게 앉거나, 아니면 누워서 눈을 감아. 그리고 길고 편안하게 숨을 들이쉬고 내쉬어. 네가 단전호흡을 할 수 있다면 그게 더 효과적이란다. 너의 몸 구석구석을 방문하는 거야. 눈, 코, 입, 심장, 폐, 위, 창자, 신장, 팔, 다리 등 방문하고 싶은 곳을 다 방문하는 거지. 대충 훑는 게 아니라 천천히 한 부분씩. 그리고 이웃과 친구 집에 가서 하듯 그들과 대화하는 거야. 예를 들면 이렇지. 위를 방문했다고 해보자.

  리나: 안녕하세요, 위! 오늘 기분이 어때요? (네 위가 뭐라고 하는지 세심히 느껴봐.)

  위: 기분 나빠. 네가 오늘 정크푸드를 너무 많이 먹어서 내가 소화시키느라고 큰 고생을 하고 있어. 왜 소화시키기 좋고 영양가 많은 음식을 먹어서 나를 행복하게 해주지 않고, 햄버거나 피자 같은 것만 먹어대는 거니? 나 너무 힘들어.

  리나: 미안해요, 위. 나는 위가 그렇게나 고생하는지 정말 몰랐어요. 앞으로는 위가 행복하게 영양가 있고 소화 잘되는 음식을 먹도록 노력할게요.

  위: 말로만 그러지 말고 실천해봐.

리나: 약속해요, 정말.

이제 네가 위에게 줄 수 있는 가장 좋은 사랑과 치유의 에너지를 보내는 거야. 이모의 경우에는 밝은 연보랏빛 치유의 에너지를 보내면서 위를 그 빛으로 감싸는 상상을 해. 리나야, 너의 위가 행복해할 때까지 같이 있다가 다른 부분으로 옮겨가. 특히 예를 들어 각선미가 없다고 네 다리를 미워했거나 학대했다면 거기부터 방문해. 그리고 용서를 구해. 이런 식으로 자기 몸을 한 바퀴 다 방문하고 나서 눈을 뜨는 거야. 기분이 아주 좋아지고, 너 자신을 더욱 사랑하게 될 거야.

리나, 이모가 아주 좋아하는 앨리스 워커라는 흑인 여성 작가가 이런 말을 한 적이 있어.

"우머니스트는 어떤 일이 있어도 자신을 사랑한다."
(A Womanist loves herself regardless.)

그녀는 이 세상을 거침없이, 당당하게 살아가는 흑인 여성을 '우머니스트'라고 명명하면서 그 여성들은 세상이 뭐라 하든, 자신들의 상황이 어떠하든, 타고난 미모나 능력이나 가정환경에 상관없이 자신을 사랑한다고 한 거야. 근사하지 않니?

"그러니, 리나, 어떤 일이 있어도 너 자신을 사랑하렴!"
(So, Rina, love yourself regardless!)

# 2

여신은 가장 가슴 뛰게 하는 일을 한다

Follow Your Bliss! Then, the Universe
Will Open the Door for You.

리나.

인간이 이 세상에 와서 할 수 있는 가장 중요한 발견이 있다면, 이모는 그것이 진정한 자신이 누군지, 그리고 자신은 이 세상에 왜 왔는지 그 이유를 찾아내는 것이라고 생각해. 세계의 많은 종교들이 인간에게 묻는 근본적인 질문도 바로 그것인 것 같아.

당신은 누구십니까Who are you?
당신은 이 세상에 왜 오셨습니까Why are you here?

우리가 태어나서 이 질문들에 대한 대답을 찾아낸다면 삶은 헛되지 않은 거지. 우리 모두는 각자 고유하고 또 각자 다른 이유를 가지고 세상에 태어났어. 이렇게 저마다 다른 이유를 기독교에서는 '예정론

Predestination'이란 이름으로 설명한 것 같고(하느님이 내가 이 삶에서 이런저런 사람이 되고, 이런저런 일을 하게 만세萬世 전부터 예정하셨다는 것), 불교에서는 '카르마Karma'라는 이름으로 설명한 것 같아(내가 전생에 이런저런 일을 했기 때문에 그 원인에 대한 결과로 이렇게 태어났고, 이런저런 일을 이생에서 할 경향성이 높다는 것). 즉, 사람은 태어나면서 각자 다른 씨, 다른 풀어야 할 문제를 가지고 온다는 이야기야. 식물들을 한번 봐. 장미가 있고, 소나무가 있고, 백합이 있고, 대나무가 있어. 그들은 그들의 씨대로 장미는 장미로, 소나무는 소나무로, 백합은 백합으로, 대나무는 대나무로 자라나는 거지. 만약 장미가 일생 동안 청정하게 서 있는 소나무를 부러워하며 자기 존재를 거부하고 계속 소나무 흉내를 낸다면, 반대로 소나무가 자기 존재를 싫어하면서 연인들에게 사랑을 받는 장미가 되려 한다면 어떻게 되겠니? 그건 자신을 파괴하는 일이 되겠지.

그런데 인간 세상을 관찰해보면 많은 사람들이 그렇게 자기 생을 낭비하고 있는 게 보여. 예를 들면 머리는 그렇게 뛰어나지 않지만 기막힌 미모를 가지고 태어난 여자가 있다고 하자. 그리고 또 얼굴은 못생겼지만 기막힌 두뇌를 가지고 태어난 천재적인 여자가 있다고 하자. 아마 첫 번째 여자는 이 세상에 '아름다움'의 힘을 알리려고 태어났는지 몰라. 그리고 두 번째 여자는 '명석함'의 힘을 알리려고 태어났는지 모르고. 만약 두 여자가 자기의 장점, 약점을 잘 파악해서 자기가 가장 잘 하고, 자기가 잘하기 때문에 자기를 기쁘게 하는 그런 일을 해나간다면 행복하고 성공적인 삶을 살아갈 거야. 그런데 자기의 힘을 그렇게 쓰지 않고, 미인 여자가 명석한 여자를 부러워하면서 계속 그 여자를 흉내 내고 자기의 머리 나쁨을 비관한다면, 반대로 명석한 여자가 미인 여자를 흉내 내려고 온갖 성형수술을 하는 데 에너지를 다 쓰면서 자기의 못생김을 비관하고 자기의 좋은 머리, 그 두뇌의 힘을 다 낭비해버린다면 어떻게 되겠어? 불행하고 낭비적인 삶을 살게 되는 거지. 그렇기 때문에 자기가 누군지, 자기가 이 세상에 뭐 하러 왔는지를 아는 게 중요한 거야. 그걸 모르면 어영부영, 사회가 하라는 일을 로봇처럼 따라 하다가 인생을 다 낭비하고 비참한 최후를 맞게 되는 거지.

그렇다면 어떻게 이 어려운 문제(나는 누구이며, 왜 이 세상에 왔는가)를 풀 수 있을까? 이모 생각에는, 그리고 경험에 의하면, 내 가슴을 가장 뛰게 하는 일, 가슴 뛰게 하는 사랑, 그리고 가슴 뛰게 하는 오브젝트를 좇아가는 거야. 그러다 보면 그 과정을 통해 진정한 내가 누구인지, 내가 이 세상에 왜 왔는지 알게 되는 것 같아. 리나의 나이 때에는 그런 것이 아마 너무 많을지도 몰라. 하나씩 하나씩 온 정성과 정열을 다해서 그 일, 그 사랑, 그 오브젝트와 만나봐. 건성으로, 대충 하면 안 돼. 그런 자세로 임하면 꼭 배워야 할 것을 못 배우게 되지. 무엇을 하든지 1백 퍼센트 헌신적으로, 끝장이 날 때까지 해야 해. 그러면 그 과정을 통해 네가 꼭 배워야 할 것을 배우게 돼. 그런 과정을 성실하게 거치다 보면 마침

내 '매직아이(점만 많은 그림책 있지? 처음에는 형체가 보이지 않다가 자세히 초점을 다르게 보면 입체적 사진이 나타나는 책)'의 패턴처럼 처음에는 희미하게, 그러다 점점 분명하게 삶의 지도와 그림이 보인단다.

자신을 가장 가슴 뛰게 하는 일, 사랑, 오브젝트를 좇아간다는 것은 대단한 용기를 필요로 해. 우리가 받는 교육, 사회의 관습들은 우리를 사회에 잘 적응하는, 사회의 한 부속품으로 잘 사용되는 무난한 사람이 되도록 만들거든. 특히 여자들에게는 더 그렇지. 거의 많은 부모들이 여자아이에게 목숨을 거는 탐험가, 신부나 승려, 목사, 서커스단의 줄 타는 곡예사가 되라고 가르치진 않을 거야. 무난할수록, 튀지 않을수록, 야성적으로 보이지 않을수록, 소위 말하는 좋은 '신붓감', 잘 팔리는 여자가 될 테니까 말이야. 그러나 중요한 것은 너의 삶은 너의 삶이지 부모님의 삶이 아니라는 거야. 아마 네가 살아가야 할 세상은 네 부모님이 꿈에도 못 가볼 세상일 수도 있어.

그래서 칼릴 지브란은 『예언자』란 책에서 이런 시를 썼어.

너의 아이는 네 아이가 아니다.
그들은 그들 자신의 자기다운 삶을 갈망하는
삶의 아들, 딸들이다.
Your children are not your children.
They are the sons and daughters of life,

Longing for their lives.

　너를 사랑하는 부모님의 의견을 존중하고 경청하는 것은 중요해. 왜냐하면 부모님은 자신들이 겪어온 삶의 경험과 연륜으로 네가 못 보는 것을 볼 수 있기 때문이지. 그러나 만약 부모님의 말씀을 깊이깊이 심사숙고해본 후에도 부모님의 조언이 너의 가슴 뛰는 일에 상반되는 것이라면, 너는 너를 가슴 뛰게 하는 일을 좇아가야 해. 이때 네가 믿고 좋아하는 선배, 다른 어른, 선생님, 혹은 카운슬러들과 충분히 이야기해보는 과정이 필요하겠지. 왜냐하면 많은 경우 우리는 불완전한 가정에서 자라났기 때문에 평소에 가지고 있는 부모님에 대한 불만을 '반항'으로 표현하기 쉽기 때문이야. 그리고 단순히 부모에게서 벗어나고 싶은 반항심을 자신을 가장 가슴 뛰게 하는 일이라고 착각하기가 쉬워. 이럴 때 믿음이 가는, 다른 사람들에게도 존경을 받는, 네 가슴을 뛰게 만드는 어른이나 선배의 존재가 중요한 거야. 그들과 대화하면서 너의 진짜 동기가 무엇인지 알아내야 해.
　이모가 너만 할 때 가슴을 뛰게 했던 것이 두 가지 있었어. 하나는 멋있는 남자를 만나서 기막히게 아름다운 사랑을 하는 것, 또 하나는 내 존재를 바쳐서 멋있게 세상에 기여할 수 있는 나만의 일을 찾아 그것을 이루어보는 것. 나중에 이모가 세월이 많이 흐른 후에 보니, 그것은 '사랑과 노동'이라는 차원의 중요한 문제였어. 프로이트는 이렇게 말했지.

인간이 자신의 사랑과 노동에 만족하면 그 사람의 삶은 완성된 거라고. 난 그 사랑과 그 일을 찾아 대학 시절을, 그리고 지금까지의 세월을 다 보낸 것 같아. 이모는 지독한 문학소녀였어. 세계명작이란 명작은 닥치는 대로 다 읽어댔지. 명작들을 읽다 보면 거기엔 지고한 사랑의 이야기가 나와. 나는 그 책들을 읽으면서 굳게 결심했지. 꼭 멋있는 남자를 만나 거의 신화적인, 아름다운 사랑을 하겠노라고. 지금 돌이켜보면 그 이야기들이 거의, 많은 경우에 가부장적인 낭만적 사랑의 이야기였지만, 그때는 이모에게 가부장적인 낭만적 사랑을 해부할 이론체계가 없었어. 이모가 대학을 다니기 시작했을 때 이화여대에서 처음으로 '여성학'이란 과목이 생겼으니까.

그리고 너의 할아버지 되시는 이모의 아버지가 크게 사업에 실패하시고, 우리가 거의 빈민촌 같은 곳으로 이사를 해야 했던 열 살 때부터 뼈저리게 깨달은 사실이 있어. 그것은 여자가 경제적으로 독립해야 한다는 거였어. 너의 할아버지가 해무청장이라는 높은 관직에 있을 때, 그리고 번창하는 회사 사장일 때, 이모는 아주 풍요롭고 아름다운 어린 시절을 보냈지. 우아한 집에서, 맛있는 음식을 먹으며, 원하는 것은 다 하면서 매일매일 신나는 어린 시절을 보낸 거야. 그러다 사업체가 사기를 당하면서 큰 부도가 나고, 그 빚을 못 갚아 너의 할아버지가 경제사범으로 감옥에 가게 되었어.

그때부터 이모의 삶은 180도 바뀌었어. 그 사건으로 어린 시절이 끝나버렸어. 아무도 나를 끝까지 보호해줄 수 없다는 것을 깨달은 거야. 너의 할아버지와 이모는 정말 각별한 사이였는데 할아버지의 감옥살이와 함께 많은 것이 부서져버렸단다. 그리고 그렇게 당당하고 우아하던 어머니가 해가 갈수록 신경질적이고 슬픈 여성으로 변해가는 것을 목격하게 되었지. 아마 이모가 그렇게 지독한 문학소녀가 된 이유도 그 괴로운 현실에서 도망쳐서 명작 속에 펼쳐지는 상상의 세계에서 살고 싶었기 때문일 거야.

하지만 냉혹한 현실은 나의 문학소녀 성향에도 불구하고 내게 분명한 메시지를 주었지. '여성은 언제나 독립해서 살 수 있는 경제 능력, 그리고 죽을 때까지 자기를 서포트할 수 있는 자기 일이 있어야 한다.' 아무리 능력 있고 부유한 남편이 있다 해도(너의 할아버지처럼) 그것이 여성의 삶을 보장해줄 수는 없다는 걸 열 살 때 깨달은 거야. 그러고 보면 그 비극적인 사건은 내 삶에서의 큰 축복일 수도 있지. 나를 꿈에서 깨어나게 했으니까 말이야. 그래서 경제적으로 독립할 수 있고, 또 그 일을 통해 자유롭게 나를 성장시키고 표현할 수 있는 일을 찾는다는 것은 내게는 너무도 중요한 일이었어.

이모가 대학을 다니던 70년대 후반은 학생운동이 치열하던 시절이었어. 학생운동의 열기 속에서 이모가 배운 것은 우리 시대가 필요로 하는 것은 혁명적 사랑과 혁명적 일이라는 것이었지. 그때 이모가 생각한 혁명적 사랑은 평등한 두 남녀가 자기들보다 더 큰 이상을 실현하는 동지적 사랑이었어. 존중과 배려와 책임 속에 서로가 서로에게 진정한 자아가 태어나는 과정을 격려하고 도와주면서 사회를 변혁시키고 같이 성장하는 관계였지.

그래서 이런 이상을 공유할 수 있는 가장 혁명적인 남자를 찾으려고 노력했어. 그 노력 끝에 찾아낸 사람이 이모의 첫사랑, 첫 남편이었단다. 이후 우리의 이상이 너무도 크게 달라지면서 안타깝게 헤어져야 했지만, 이모는 그때 했던 선택에 대해 전혀 후회가 없어. 당시로서는 나의 지혜와 감성을 총동원한 최선의 선택이었기 때문이지.

그 후에 이모는 점점 분명한 페미니스트가 되면서 남녀 사이에 진정으로 평등한 상호성과 정의, 존경과 배려에 근거한 사랑을 찾으려고 열심히 노력했지. 이혼을 한 직후에는 재혼을 해서 아이를 낳고 가정을 꾸미려고 했어.

그런데 애인들을 만나 진지하게 사랑을 하다 보니 그건 내가 원하는 (적어도 이번 생에서는) 사랑의 형태가 아니라는 것을 알게 되었지. 이모가 원하는 사랑은, 그 사랑을 통해서 우리 안에 있는 신神이 태어나는 그런 사랑이라는 게 점점 확실해졌던 거야. 결혼을 해서 아이를 낳고, 집을 사고, 차를 사고, 가구를 사들이는 사랑을 원하는 게 아니었어.

이렇게 내가 원하는 사랑의 형태가 명료해지는 과정은 내가 하고 있던 일의 성격과도 깊은 관련이 있었던 것 같아. 이모는 일이 점점 국제

화돼가면서 세계 여행을 무척 많이 해야 했고, 때로는 목숨을 걸고 위험한 장소에도 가야 했어. 그리고 때로는 오랜 단식과 명상을 해야 했고, 글을 쓰거나 신학적 퍼포먼스를 만들어내기 위해 혼자서 몇 달씩 숲 속이나 산사, 혹은 외국에 숨어 있어야 했지. 일이 점점 에코페미니즘과 여신 연구, 평화운동, 여성영성 연구, 종교 간의 대화, 사회정의와 해방의 영성, 이런 쪽으로 기울어지면서 사랑과 일을 위한 자유 중 하나를 택하라면 역시 나는 사랑보다는 자유를 택해야겠다는 생각이 들었지. 둘 다 필요하긴 했지만 말이야.

그런 결정을 한 데에는 중요한 계기가 있었어. 이모가 하는 일 중에서 중요한 것이 종교간 세계평화위원회International Committee for the Peace Council와 같이 하는 평화운동이야. 이 모임은 티베트의 달라이 라마, 남아프리카공화국의 투투 대주교처럼 노벨평화상을 받은 종교계 어른들, 코스타리카의 아리아스 대통령 같은 정치 지도자들, 북아일랜드의 평화운동가 메어리드 코리건매과이어 등이 주요 위원으로 있는 단체야. 나는 이분들과 세계의 분쟁 지역에 가서 평화의 증언자가 되고, 적으로 여기는 그룹들 사이에 화해의 다리를 놓는 일을 해. 멕시코 치아파스 인디언의 인권 문제, 캄보디아의 지뢰 퇴치 문제, 이스라엘과 팔레스타인의 화해 문제, 남북한의 대화 문제 등 여러 문제에 관계하고 있지.

이모가 30대 중반이었을 때 캄보디아에서 지뢰 퇴치 운동을 한 적이 있어. 평화위원회의 위원이신 캄보디아의 최고승 마하 고사난다 스님과 함께 캄보디아의 시골길을 걷는 '다마이예트라Dhammayietra(진실의 순례)'라는 평화 행진이었지. 그런데 그 전해에 행진을 하다 지뢰가 터져 사람들이 다치고, 게릴라들이 쏜 총탄에 맞아 사람들이 죽은 일이 있었기 때문에, 만약 죽게 되더라도 주최 측에 책임을 묻지 않겠다는 각서를 쓴 후에야 참여할 수 있었지.

그때 이모는 '계시' 같은 것을 경험했어. 목숨을 걸고 그 햇빛이 쏟아지는 열대의 시골길을 하루에 열두 시간 이상씩 발이 다 터져가면서 걸었지. 그런데 너무나 많은 어린아이들이 연꽃을 따서는, 그 먼지 나는 길가에 무릎을 꿇고 앉아 우리에게 꽃을 바치는 거야. 나는 세상에 태어나서 그렇게 많은 아이들을 한꺼번에 본 적이 없었어. 몇십 년이나 계속된 캄보디아의 전쟁은 모든 오락시설을 부숴버렸고, 쉽게 할 수 있는 오락으로 유일하게 섹스를 남겨놓았지. 그래서 소녀들은 월경을 시작하는 열두세 살부터 임신을 하게 돼서, 스무 살이면 아이들이 네다섯 명이 돼. 오랜 전쟁이 너무나 많은 아이들을 생산해냈던 거야.

매일매일 길거리에 쏟아져 나와 연꽃을 바치는 수만 명의 아이들을 보면서 계시처럼 깊은 깨달음이 가슴속에 자리 잡았어. 내가 이 시대, 이 세상을 에코페미니스트로 살아가면서 또 하나의 생물학적 아이를 만들지 않는 것이 중요하다는 깨달음이었지. 아무도 돌보지 않는 아이들이 이미 이 세상에 너무나 많이 도착해 있어. 어려운 세상에 태어나 내팽개쳐져서 충분한 사람대접을 못 받고 사는 아이들. 그 아이들이 사람답게 살 수 있는 세상을 만드는 사회적 어머니, 영적인 어머니가 되는 것이 내가 할 일이지, 생물학적 내 아이를 또 하나 만들어서 이 넘치는 지구 위에 데려다놓는 것은 적어도 이번 생에서는 할 일이 아니라는 게 너무나 분명한 깨달음으로 다가왔지.

생물학적 엄마가 되겠다는 생각이 없어지니까 결혼을 다시 해야겠다는 생각이 다 없어졌어. 가족적인 분위기에서 아이를 키운다는 면으로는 결혼 제도가 필요하겠지만, 그런 이유가 아니라면 아직도 가부장적 흔적으로 물들어 있는 결혼 제도 속에 들어갈 하등의 이유가 없다는 생각이 든 거지. 그때부터는 애인을 찾을 때도 남편감, 아버지감을 찾지 않았어. 사랑을 통해 더욱 깊이 신神으로 향할 수 있는, 서로의 안에 있는 신을 태어나게 하는 사람을 찾게 되었던 거야.

삶을 돌이켜보면, 이모 나름대로 진정으로 가슴 뛰게 하는 일과 사랑을 계속 찾으며 여기까지 온 것 같아. 물론 힘들고, 외롭고, 오해도 많이 받는 과정이었지. 하지만 이모는 전혀 후회가 없어. 가슴이 명하는 대로 최선의 선택을 해온 거니까.

그러면 어떻게 하면 너를 가장 가슴 뛰게 하는 일, 사랑, 오브젝트를 찾아내고 그것들과 관계를 맺어갈 수 있을까? 우선 여신의 첫째 계명에서 말했듯이 자신을 믿고 사랑해야 하지. 이 말은 자신의 내면의 소리, 예감, 몸의 느낌, 몸의 리듬, 몸의 감각을 살려내고 그걸 존중할 수 있는 능력이 있어야 한다는 거야. 진정한 자신의 목소리, 진정한 자신의 리듬을 찾아낼 수 있는 사람이 가슴 뛰는 일을 할 수 있어.

여기서 중요한 것이 '홀로서기'를 배우는 거야. 누가 뭐라 해도, 사회가 뭐라 해도, 그 외부의 판단보다는 자신의 내부에서 올라오는 떨림, 생명의 느낌, 그 황홀함이 더 중요한 것을 알고, 자신의 감성과 내면의 소리를 믿으며, 어떤 압력에도 견뎌낼 힘이 있어야 해. 유명한 여성화가·작가·사회운동가 들을 보면 대개 이런 사람들이었어. 그래서 그런 여자들의 전기나 자서전을 읽는 것이 중요해. 그들의 자서전을 읽어보면 공통적으로 다 이상한eccentric 여자들이었다는 것을 알 수 있어. 가슴 뛰는 일을 하기 위해서 다른 걸 크게 버린 여자들이었지.

이모가 박사논문을 쓸 때 지도교수였던 흑인 해방신학자 제임스 콘 박사님께 야단을 맞은 적이 있어. 선생님은 내 논문을 읽어보더니, 내가 학자들을 만족시키기 위해 너무 유식하게 쓰려고 한다고 평가하셨지. 나를 가장 가슴 아프게 하고, 내가 가장 해결하고 싶은, 그 해결이 내 생명처럼 느껴지는 한 문제에만 집중해서 쓰라고 하셨어. 그러면서 이런 말을 하셨지. "누구도 피카소 같은 세계적인 화가에게 왜 피아노를 못 치느냐고 욕하지 않고, 누구도 루이 암스트롱 같은 재즈 음악가에게 왜 그림을 못 그리느냐고 욕하지 않아. 당신도 가장 당신다운 것,

당신의 생명을 표현하는 것, 그것 하나만 잘하면 되는 거야."

나에게는 그분의 조언이 삶의 지침이 되는 중요한 것이었어. 그래서 이모의 bliss인, 생명을 일으키는 일과 남녀 간의 평등한 사랑에 가장 나답게 집중하려 했단다.

이모가 bliss를 찾기 위해 했던 노력들이 있어. 그것들을 알려줄게.

### 상상으로 마음속에 그림 그려보기 Visualization

원하는 게 있어도 삶의 조건 때문에 할 수 없다고 좌절하게 될 때 하는 일종의 명상이야. 만약 모든 조건이 다 가능하다면 나는 무엇을 하고 싶은가 상상을 해보는 거지. 거기에 푹 빠져 들어가봐. 모든 것이 가능할 때 나는 누구와 어디서 무엇을 어떻게 하고 있을까? 그 일이 일어나는 장소, 분위기, 입고 있는 옷, 나의 느낌, 말투, 몸짓, 일의 결과들을 아주 자세하게, 형태, 빛깔, 냄새까지 그려보면서 그 장면 속으로 들어가보는 거야. 그리고 내가 얼마나 행복한지, 얼마나 황홀한지, 그 황홀함을 세포 하나하나가 다 기억하게 느껴보는 거지. 사회적 조건과 장애물부터 떠올리면서 좌절하는 게 아니라 "만약 모든 것이 가능하다면 What if everything is possible!" 하고 큰 꿈을 꿔보는 거야. Dream big!

한국 속담에 이런 말이 있어. "처음에 호랑이 꿈을 꿔야 나중에 고양이라도 나오게 할 수 있다." 그러니 리나, 어떤 악조건이 있다 해도 좌절하지 말고 항상 '모든 게 가능하다면, 나는 무엇을 하고 싶은가' 거기서부터 시작해. 그리고 아주 자주 그 황홀한 곳을 마음속에서 방문해. 그 황홀함이 너의 세포 속에 다 입력되도록.

### 콜라주 Collage

모든 게 가능하다면 어떤 모습일까 상상해본 다음에는 그 비슷한 모습, 분위기를 신문, 잡지, 그림, 사진 등 어디에서나 골라서 조합시켜봐. 네 마음에 드는 가슴 뛰게 하는 그 장면이 될 때까지. 그래서 네가 가장 자주 보게 되는 장소에 붙이고 기회가 날 때마다 보는 거지.

이모가 만든 콜라주 장면 하나를 예로 들어줄게. 달라이 라마와 이모가 같이 사회를 보면서 '세상에서 가장 신나는 평화·생명을 위한 록 콘서트'를 하는 장면이야. 거기 티나 터너, 마돈나, 마이클 잭슨, 휘트니 휴스턴, 셰어, 그리고 김건모, 한영애, 서태지 등등 이모가 좋아하는 연예인들이 총동원되지. 그런데 달라이 라마와 이모가 사회자로서 하는 것은 이 가수들을 소개하거나 만담을 하는 게 아니라, 왜 우리에게 평화와 생명을 살리는 일이 필요한지 달라이 라마는 불교의 지혜를 가지고, 나는 에코페미니즘과 여신들의 지혜를 가지고 알려주는 거야. 아주 재미있게. 모두가 일어나서 소리 지르고, 춤추고, 광란하다 명상하고, 명상하다 춤추면서……. 그 콘서트가 끝날 때쯤은 모두가 평화를 이루는 일, 생명을 이루는 일을 위해 헌신해야겠다고 결단하는, 일종의 부흥회 같은 록 콘서트를 상상해보는 거지. 너무나 신나고, 재미있고, 흥분되고, 황홀하고, 깊고, 명상적인, 생명을 살려내는 록 콘서트. 세계 일주를 하는 생명과 평화의 콘서트. 어때? 재미있을 것 같지 않아?

### 소망 명세서 Wish List

그다음에는 네가 원하는 것을 번호를 매겨서 순서대로 다 종이에 써봐. 언제 그걸 원했는지 날짜도 쭉 기입해야 해. 그리고 이룰 수 있도록 도와달라고 우주에 기도를 올려. 그런 후 1년, 3년, 5년이 지나서 다시 점검해봐. 아마 너도 놀랄걸? 많은 것이 이루어져 있거나, 아니면 '내가 뭘 한다고 이런 것을 원했을까?' 하고 웃게 될 거야. 이모의 '소망 명세서'를 보여줄게.

1991년 3월. 나는 벨리댄스를 춘다.
→ 1994년 봄. 하버드 대학에서 벨리댄스를 배우다.
1993년 4월. 나는 스쿠버다이빙을 한다.
→ 1998년. 바하마에서 스쿠버다이빙을 배우다.
1995년 6월. 나는 방랑하는 수도자다.
→ 1999~2000년. 히말라야 산속의 방랑하는 수도자가 되다.
1996년 12월. 나는 히말라야 산속을 걷는다.
→ 1999~2000년. 히말라야 산속을 거의 매일 걷다.

1997년 6월. 나는 작가이다.

→2001년. 『미래에서 온 편지』를 끝내다.

1999년 3월. 나는 화가이다.

→2001년. 처음으로 미술도구를 사고 미술수업을 받다.

2001년 2월. 나는 수피 명상가로 이슬람 문화권에 산다.

→2003년. 안식년이 돌아오면 모로코에 가서 수피즘을 배우며 일 년 간 살고 싶다.*

2001년 6월. 생명, 평화를 위한 국제 에코페미니스트 페스티벌을 연다.

→2003년이나 2004년쯤 세계 여성들과 이런 이벤트를 꾸미고 싶다.**

### 황홀함 따르기 Follow Your Bliss

정말 가슴 뛰는 일을 하는 데는 용기와 훈련이 필요하지. 가슴 뛰는 작은 일을 하루에 하나씩이라도 해보는 거야. 네가 사모하는 사람에게 몰래 꽃을 주는 일, 좋아하는 음악을 듣고 거기에 맞춰 춤을 추는 일. 맛있는 떡볶이를 만들어 먹는 일, 시인의 강연을 듣는 일, 산 정상에 올라보는 일, 고아원에 가서 아이들을 돌보는 일, 종군위안부 할머니들 데모에 참여하는 일, 인터넷에서 그린피스의 활동에 대해 읽어보는

---

\* 2006~2007년. 13개월간 이슬람 17개국에서 200여 명의 이슬람 여성과 평화운동가 들을 인터뷰 했다. 2011년에 그 결과를 『신의 정원에 핀 꽃들처럼』이라는 책으로 펴냈다.
\*\* 세계적 여성운동가인 글로리아 스타이넘, 앨리스 워커를 한국으로 초청해 '제주 여신 기행'(2002년), '평화 기행'(2004년) 등의 특별한 행사를 가졌다. 앨리스 워커와의 만남은 『현경과 앨리스의 神나는 연애』라는 책으로 펴냈다.

일…… 그 무엇이라도 좋아. 하루에 한 개씩 너를 가슴 뛰게 하는 일을 해보렴.

이모가 나를 가장 가슴 뛰게 하는 일을 하고 싶지만 잘 안 될 때 도움을 받는 음악, 영화, 책, 명상을 소개해줄게.

**음악**

아레타 프랭클린, 〈Somewhere Over the Rainbow〉
메르세데스 소사, 〈Gracias A La Vida〉

**영화**

시드니 폴락 감독, 〈사브리나〉
〈위대한 여성 예술가들: 조지아 오키프 Great Women Artists: Georgia O'Keeffe〉(다큐멘터리)
라세 할스트롬 감독, 〈초콜릿〉

**책**

도로테 죌레, 『사랑과 노동』
시몬 드 보부아르, 『제2의 성』
헤이든 헤레라, 『프리다 칼로』

조지아 오키프의 전기들
글로리아 스타이넘, 『일상의 반란』

### 명상

"만약 모든 것이 가능하다면!" 하고 상상해보기.
  리나, 두려움 없이 너를 가장 가슴 뛰게 하는 일을 해. 그러면 온 우주가 너를 위해 문들을 열어줄 거야.

  너의 황홀함을 좇아가.
  너의 가슴을 좇아가.
  너의 사랑을 좇아가.
  그러면,
  우주가 네가 춤출 수 있도록 음악을 연주할 거야.

Follow your bliss.
Follow your heart.
Follow your love.
Then,
The universe will play music so that you can dance.

# 3

## 여신은 기, 끼, 깡이 넘친다

Be a Wild Woman,
You Salimist Woman Warrior!

리나.

오늘은 이모가 네게 기와 끼와 깡에 대해 이야기하고 싶어. 리나도 아마 '기氣'에 대해서 많이 들어봤을 거야. 우리 한국말 중에는 기가 세다, 기가 막히다, 기가 약하다, 기가 죽다, 기가 살다, 기가 차다, 기를 모으다, 기가 흐트러지다 등등 '기'에 대한 표현이 많지. '기'란 생명의 에너지야. 기에 대한 여러 가지 동양철학적, 동양의학적 복잡한 설명들이 있지만, 이모는 그것을 간단히 생성 에너지, 생명 에너지라고 이야기하고 싶어.

우리 문화 속에서 말해왔던 생명 에너지인 '기'는 다른 문화권에서도 이름은 다르지만 거의 같은 현상으로 이야기돼왔던 것 같아. 인도 문화권에서 잘 쓰는 샥티Shakti, 프라나Prana, 유대 기독교 전통에서 이야기해온 루아Ruah(하느님의 숨결), 프뉴마Pneuma(성령, 성스러운 에너지)가 다 이 생명 에너지들이야. 이 에너지가 우리를 떠나면 우리는 죽게 되고, 떠나지는 않더라도 약해지면 우리는 병들게 되는 거지.

그런데 우리 문화 속에서 '기'라는 용어가 쓰이는 패턴을 관찰해보면, 그것이 남자에게 쓰일 때와 여자에게 쓰일 때 의미가 참 다른 것 같아. 예를 들면 남자아이를 키울 때 보통 일반적인 부모들은 '남자애 기를 죽이면 안 된다'는 것을 무척 강조하지. 그래서 남자아이가 밖에서 맞고 울며 들어오면 부모가 "야, 사내가 울면 안 돼. 남자가 맞고 들어오면 어떻게 하니? 앞으로는 때리면 때렸지 절대 얻어맞고 들어오지 마." 하고 야단을 치지. 그래서 그다음에 남자애가 다른 아이를 때려서 맞은 애 부모가 항의하러 오는 경우에도 "미안합니다. 애가 철이 없어서……." 하고 사과는 하지만 자기 아들을 심하게 야단치지 않는 경우가 허다해. '사내애 기죽이면 안 된다'는 명분을 대면서.

하지만 만약 여자아이가 밖에서 남자아이들을 때려주고 왔다고 하자. (어릴 때는 같은 나이면 여자아이가 남자아이보다 더 체격이 큰 경우가 많아.) 그러면 대부분의 부모들은 여자아이를 심하게 야단치지. "아니, 계집애가 그렇게 기가 세서 어디다 써먹니? 그렇게 행동했다가는 앞으로 시집도 못 가. 얌전하고 조신하게 행동해." 이런 식으로 남자애 기는 살려주려 노력하고, 여자애의 센 기는 짓눌러서 얌전하게, 무난하게 만들려는 것이 우리 문화가 가르쳐준 것이지.

그래서 기가 센 남자애들을 보면 어른들이 "그놈 참 장군감이네. 저

놈은 크면 뭐 하나 크게 이룰 거야." 하고 희색이 만면해서 그 기 센 남자애들을 치켜세워주고, 기가 센 여자애들을 보면 "아니, 저런 거친 말괄량이를 어디에 쓴담? 쟤는 시집가서 잘 살기는 글렀어." 하고 인상을 찌푸리며 혀를 끌끌 차지. 그렇게 명랑하고 활달한 여자애의 부모까지 욕하기도 해. "저런 계집애는 가정교육을 어떻게 받았기에 저 모양이지?" 그러면서 여자애들에게 귀가 닳도록 '기가 세면 안 된다'는 것을 주입시키지. 기가 센 여자는 팔자가 세다, 남자의 사랑을 못 받는다, 시집을 못 간다, 반드시 불행해진다 등등의 이유를 대면서.

이모는 어릴 때부터 '기가 세다'는 이야기를 많이 듣고 자랐어. 그래도 다행히 좋은 부모님 밑에서 자라났기 때문에 나의 건강함, 명랑함, 모험심에 대해서, 그리고 가끔 남자애들과 치고받고 싸우는 것에 대해서 싸울 이유가 정당하면 야단맞지 않았어. 지금 생각해보면 우리 부모님이 한국 사람이면서도 나를 그렇게 자유롭게 키운 데에는 여러 가지 이유가 있었던 것 같아.

이모가 태어날 때 너의 할아버지는 거의 50대 중반이셨어. 이모는 너의 할아버지가 인생의 산전수전을 다 겪으신 후 낳고 키운 유일한 아이였기 때문에 딸이라는 생각보다는 하나밖에 없는 자식이라는 생각으로 극진한 정성과 사랑을 쏟으신 것 같아. 그 후 또 너의 할머니로부터 너의 엄마를 낳았지만 또 딸이라는 이유로 집으로 데려오지 않았어. 거기에는 이모를 키워주신 어머니의 입김이 컸지. 또 아이를 데려오면 이혼하겠다고 협박을 하신 거야. 만약 네 엄마가 아들이었으면 어쩔 수 없이 두 번째 아이도 받아들였을 거야.

어쨌든 나를 키워주신 어머니도 당신이 아이를 못 낳는 분이었기 때문에 나를 친자식처럼 키우셨지. 게다가 일제 강점기에 대구에서 신명여고를 나오고, 또 테니스 대표 선수를 할 정도로 당시 여자로는 드물게 공부도 하고, 자기 경력을 키운 분이었기 때문에 독립심과 교육열이 대단하셨어. 그리고 남편이 아이를 낳는다는 명분으로 바람을 피운 그 괴로운 과정을 다 겪어내셨기 때문에, 같은 여자로서 당신 딸은 그런 운명에 처하지 않게 하겠다고 단단히 결심을 하셨던 것 같아. 집안에 큰 잔치가 있거나 하면, 딸인 나에게 요리나 잔심부름을 시키기보다는 돈을 줘서 도서관에 가서 공부하고 오라고 그러셨지. 그러면서 항상 이렇게 말씀하셨어.

"이런 집안일들은 나중에 시집가면 다 하게 돼. 하지만 공부는 지금부터 열심히 안 하면 커서 훌륭한 여자가 될 수 없어. 잔치 준비 다 끝나면 엄마가 데리러 갈게. 그때까지 놀지 말고 열심히 공부해라."

나는 어머니가 말씀하시는 '훌륭한 여자'가 어떤 건지 잘 몰랐지만, 막연히 어릴 때부터 열심히 공부해야 될 수 있는 여자의 모습으로만 생각했어. 그리고 또 어머니는 가끔씩 나를 보고 한마디씩 던지셨지.

"결혼은 해도 되고 안 해도 되는 거야. 하지만 여자가 자기 일이 없으면 안 된다. 만약 네가 어른이 되어서 결혼하고 싶으면 한국 남자랑 하지 말고 서양 남자랑 결혼해. 그 남자들은 여자를 사람처럼 대접한다."

물론 어머니는 그때 서양 남자들이 가지고 있는 성차별을 잘 모르셔서 그렇게 말씀하신 거겠지.

이렇게 부모님의 극진한 사랑과 한국의 문화규범에서 벗어난 남녀 평등한 가정교육을 받아서 그런지 몰라도, 이모는 '기가 센 여자'나 '기가 안 죽는 여자'라는 이야기를 많이 들으며 살아왔어. 유학을 마치고 이화여대 교수가 되어 처음 한국에 돌아왔을 때 선배 언니들로부터 가장 많이 들은 말이 "아니, 너는 어쩜 아직도 이렇게 기가 안 죽었니?"였어. 재미있지 않니? 공부를 많이 한 전문직 여성들도 여자 후배가 기가 죽지 않는 걸 불편해한다는 것이.

리나,

중요한 사실이 뭔지 아니? 기가 죽으면 그때부터 너의 인생은 끝난다는 거야. 물론 몸은 아직 살아 있지. 그러나 기가 죽는다는 것은 생명력, 창조력, 재생력이 없어진다는 것과 마찬가지야. 어떤 어려움도 뚫고 나갈 수 있는 생명력, 불가능하다고 여겨지는 것을 넘어설 수 있는 창조력, 또 죽음과 같은 괴로운 상황을 당해도 거기서 다시 살아 나올 수 있는 재생력이 없다면, 어떻게 가장 가슴 뛰게 하는 일을 하며 살아갈 수 있겠니? 네 육체적 생명 자체를 귀하게 여기고 보호하듯이 너의 생명력 그 자체인 기를 귀하게 여기고 보호해야 해. 기를 죽이는 것을 막는 정도가 아니라, 기를 더욱 강하게, 아름답게 만들도록 노력해야 해.

이모가 보기에는 기가 강해져서 넘치게 될 때 사람들이 그것을 '끼'라고 부르는 것 같아. 그런데 한국 문화에서는 "아, 참 끼가 많다." 하고 평가되는 것이 뭔가 저속하고, 진지하지 않고, 바람둥이에다가, 실속은 없고 겉으로만 재주가 많은 사람으로 여겨지는 것 같은, 별로 기분 좋지 않은 일이지. 주로 연예인들이 끼가 많은 사람들로 불리지.

이모는 끼 많은 여자란 말을 참 많이 들었어. 20대 초반에서 30대 중반까지는 주로 '도화끼가 넘친다'는 말을 많이 들었고, 그다음에는 '무당끼'로 가득 찼다는 이야기, 또 그다음에는 '영끼', '방랑끼', '도사끼'가 있다는 이야기들을 들어왔지. 칭찬, 비난, 질투, 부러움, 정죄, 두려움, 경이감, 혐오감이 섞인 표현들이었어.

끼는 사람을 홀리는 힘, 질서를 교란시키는 힘, 모든 걸 버리고 좇아오게 하는 힘, 마술과 신비와 신화적 경험, 예술적·초월적 경험을 가능하게 하는 힘이지. 그런 힘이 있어야 사람을 감동시키고, 사회운동, 문화운동을 일으키고, 혁명을 일으키고, 마침내는 깨달음에까지 도달하게 되는 거야.

예수님이 뭐라 그랬니? "사람을 낚는 어부가 되라" 하셨잖아. 사람을 홀려내는 기의 결정체인 '끼'가 없이 어떻게 사람을 낚을 수 있겠니?

그걸 보면 예수님은 기와 끼로 가득 찬 남자였던 거 같아. 수많은 제자들이 모든 걸 버리고 그 자리에서 쫓아갔잖아? 이 병들고 상처받은 지구와 지구 문명을 바꿀 수 있는 살림이스트 여전사들은 그 정도의 기와 끼가 있어야 해. 그렇지 않으면 새로운 역사가 일어나지 않아.

그렇다면 네 생명의 에센스, 기와 끼를 잘 보호하고 잘 살려내려면 무엇이 가장 필요할까? 이모가 생각하기에 그것은 바로 '깡'인 것 같아. 네가 속으로부터 강해져서 너의 강함이, 너의 용기가 결정체처럼 단련되었을 때 그것이 '깡'으로 표현되는 거지.

이모가 이화여대 교수를 할 때 참 똑똑한 제자들이 있었어. 그들은 여성학, 여성신학을 공부하고 분석해서 기막힌 발표들을 했어. 그 학생들의 시험 답안지를 읽으면 "와, 선생인 내가 써도 이렇게 잘은 못 쓰겠다." 할 정도로 머리 좋고, 기와 끼로 넘치는 학생들이었지. 그런데 보호막 같은 안전한 이화여대를 졸업하고 그 똑똑한 학생들이 직장 생활, 결혼 생활을 하면서 무참히 깨지더구나. 자기들의 꿈을 너무나 쉽게 포기하면서 '애늙은이'처럼 기존 질서를 받아들였던 거야.

어떻게 보면 가장 똑똑한 아이들이 가장 먼저 깨지는 것 같아. 이상과 현실의 차이가 너무 크기 때문이지. 현실을 거슬러 올라간다는 것이 너무도 큰 두려움을 유발하는 것이기 때문에 그 공포를 못 견디고 일찍 타협을 시작하는 거야. 그런 모습을 보면서 생각했지. 젊은 여성들에게

'깡'을 길러주는 게 시급하다고. 이모는 세계를 다니면서 여러 종류의 사람들을 만났는데, 크게 성공한 사람들은 대부분 기가 막히게 '깡 좋은' 사람들이었어. 성공은 10퍼센트의 능력, 20퍼센트의 노력, 그리고 70퍼센트의 깡으로 이루어진다는 생각이 들 정도였지.

이모가 여성신학, 에코페미니즘, 여성영성, 이런 내용으로 국제강연을 할 때 여성 청중으로부터 가장 많이 받는 질문은 '어떻게 두려움 없이 그렇게 지독하게 가부장제 비판을 할 수 있느냐?', '어떻게 자기가 믿는 바를 그렇게 자유롭게 표현하고 확신에 차서 설득할 수 있느냐?', '너의 용기의 근원은 도대체 무엇이냐?' 이런 내용들이야.

여자들이 진짜로 알고 싶은 것은 나의 지식(그건 내 책이나 논문들을 읽으면 알 수 있는 것들이지)보다는 어떻게 내가 두려움을 극복했고, 어떻게 그렇게 자신감이 있을 수 있는지 하는 것이었단다.

그런데 사실은 이모가 항상 용감하고 자신감 있는 건 아니야. 세상을 휘두르는 여러 분야의 권력자들, 나를 해칠 수도 있는 그 사람들에게 'No!' 해야 할 때, 많은 경우 다리가 덜덜 떨리고, 심장이 막 뛰는 경험을 해. 그런데도 다른 사람들은 이모가 용감하게 표현을 하고, 진실을 말한다고 여기는 것 같아. 다른 여성들과 비교해보았을 때 상대적으로 '깡이 좋다'고 생각되나 봐. 이모는 한 번도 스스로 용감하다고 생각해본 적이 없어. 떨리고, 두렵고, 힘들 때가 너무 많거든. 그래도 앞에서 말한 것 같은 질문에 대한 답변을 찾아야 할 것 같아 그 이유에 대해 깊이 생각해보았지.

이모가 만약 정말 깡이 좋다면 몇 가지 이유가 있을 거야.

첫째는, 그리고 가장 중요한 이유는, 건강하고 행복한, 사랑과 인정과 격려를 많이 받은 어린 시절이 있었다는 거야.

너의 할아버지의 사업체가 망하기 전 열 살 때까지 내 삶은 정말 '파라다이스'였어. 아름다운 꽃밭과 나무들이 있던 정원, 금붕어와 거북이가 있던 연못, 뒤뜰에 있던 병아리, 닭, 토끼, 다람쥐, 강아지, 햇빛이 잘 들던 넓은 한옥집, 방방마다 우아하게 자리 잡고 있던 한국의 고가구와 그림, 그리고 서예 액자 들, 어머니가 세끼 손수 만들어 차려주시던 신선하고 맛있는 음식들(어머니는 당신의 사랑을 음식으로 표현하셨던 것 같아. 빵도 직접 구워주셨지. 소위 건강식을 항상 만들어주신 거야. 내가 열 살 때까지 어머니에게 속아서 여름마다 가마솥에 장작불로 끓인 '육개장', 사실은 '보신탕'을 먹고 자랐다는 것 아니겠니? 지금까지도 그 일을 생각하면 소름이 끼쳐. 또 얼마나 이상한 것들을 속아서 많이 먹었을까 싶어서 말이야), 그리고 기회가 있을 때마다 가서 놀았던 바다, 숲, 산, 고적지 들. 그 어린 시절 하도 잘 먹고 잘 뛰어놀아서 이모가 이렇게 건강한가 봐. 물론 성인이 되어 많은 일을 하면서 그만큼 피곤하기도 했지. 하지만 몸이 받쳐주지 않기 때문에 어떤 일을 포기해본 적은 한 번도 없어.

너의 할아버지가 사업에 크게 실패하신 다음부터는 경제적으로, 심리적으로, 사회적으로 큰 어려움을 당했지. 그러나 내 마음속에는 항상 모든 것이 만족스러웠던 그 행복했던 어린 시절의 충족감 때문에 '삶은 아름답다'란 원초적 믿음이 있는 것 같아. 삶에 대한 이러한 '이유 없는 긍정(?)' 때문에 아무리 큰 모험을 해도, 아무리 어려운 일이 있어도 결국 잘 해결될 거라는 '비합리적인 낙관주의Impossible Optimism'를 갖게 되었지.

둘째는, 아주 카리스마적이고 세력 있는 아버지, 힘 있는 '가부장'으로부터 무조건적인 사랑과 지지를 받았다는 거야.

미국의 페미니스트 심리학자들이 재미있는 연구결과를 발표한 적이 있어. 힘 있는 아버지로부터 무조건적 사랑과 격려를 받고 자라난 딸들은 가부장적 사회 속에서 성공률이 아주 높다는 내용이었어. 왜냐하면, 이 여성들도 성인이 되어 가부장제 속에서 차별을 받고 고생을 하긴 하겠지만, 어릴 때 받은, 힘 있는 아버지로부터의 무조건적 사랑과 격려 때문에 항상 속으로 믿는 바가 있다는 거야. '가부장은 나를 사랑한다. 나는 그들에게 인정을 받는다. 나는 그들의 마음을 사로잡을 능력이 있다.' 이런 '원초적 자신감' 때문에 똑같이 어려움과 차별을 당해도 아버지의 사랑을 못 받은 여자에 비해 가부장제에서 오는 힘든 일들을 잘 극복하고 성공하게 된다는 얘기지.

이 이론이 어느 정도 검증된 이야기인지는 잘 모르겠어. 그런데 이모

자신이 살아온 경험을 보면 이 말이 맞는 것 같아. 내게는 많은 여자들이 가지고 있는 남자에 대한 두려움이, 아니면 가부장제에 대한 두려움이 그렇게 많지는 않은 것 같아. (이모 친구들의 표현을 빌리면 두려움 지수 '제로'라는구나.)

나는 남자들 때문에 억울함, 어려움, 분노를 느끼게 하는 상황을 그렇게 많이 당했으면서도 '남자는 나를 좋아한다. 남자는 좋은 사람이다. 남자와 지내는 것은 재미있다.' 이런 이상한 원초적 느낌을 가지고 있어. 나의 성인 여자로서의 경험적 데이터에 맞지 않는 느낌들이야. 이 이상한 느낌이 어디서 왔을까 생각해보면, 그건 어릴 적 아버지에게서 받았던 지극한 사랑 때문이었던 것 같아.

물론 많은 아버지들이 자기 딸을 사랑하겠지. 그런데 내가 성인이 되어 다른 친구들의 이야기를 들어보니까 우리 아버지의 사랑은 좀 특수했던 것 같아. 내게 열 개쯤 되는 인형들이 있었는데, 다 아버지가 만들어주신 거야. 손수 바느질해서 그 안에 솜을 넣고 꿰매서 다 다른 얼굴들을 그려주셨어. 그리고 나무를 사다가 인형들의 집, 옷장을 만들고, 거기에 한지를 바르고 색을 칠해주셨지. 인형 옷도 직접 만들어주시고……. 그렇게 나의 세계에 친구로서 완전히 들어와주셨지. 또 내가 유치원이나 학교에서 돌아오기 전에 회사에서 돌아오셔서 함께 간식을 먹고, 숙제를 봐주시고, 그리고 낮잠도 나와 함께 주무셨어. 그때 매일매일 한국 전설, 한국 동화 이야기를 잠들 때까지 해주셨지. 주인공을 다 여자아이로 바꿔서 말이야.

  아직도 나는 아버지의 포근했던 품, 겨울에 입으셨던 명주 한복, 여름에 입으셨던 모시옷의 느낌, 그리고 아버지 몸에서 나던 파이프 담배 냄새, 아버지의 방에서 나던 향기로운 커피 향, 꿈결에 들었던 전설들, 그 원초적 행복감을 기억해. 아버지와 매일 해 질 녘 걸었던 남산 산책길, 아버지 옆에서 따라 그리던 수묵화, 아버지가 치시던 장구에 맞춰 춤을 추던 일. 모두 즐거운 기억들이었어.

  그러나 열 살 이후 아버지의 모습은 판이하게 달라지기 시작했지. 아버지는 사업에 실패하면서 가난을 맞게 되었고, 감옥에서 나오면서부터는 삶의 의욕을 잃으신 것 같았어. 점점 말이 없어지면서 거의 폐인처럼 하루 종일 좁은 방 안에 앉아 혼자 바둑을 두곤 하셨지. 아버지는 자신 속으로 들어가서 나오지 않으셨던 것 같아. 무엇인가 영원히 아버지 안에서 부러져버린 것 같았지. 아버지와 나는 그때부터 대화가 단절되어버렸어. 그런 아버지를 나는 철없이 속으로 원망하고 미워했지. 그런데 이렇게 긴 세월이 지나고 보니까 아버지가 내게 너무도 소중한 선물을 주셨다는 걸 깨달았어. '원초적 자신감', '무조건적으로 사랑받는 느낌', '원초적 믿음'. 이것들을 어떻게 표현할 수 있을까?

  이 원초적 느낌들은 내 삶의 큰 축복이면서 또한 저주야. 그 이유를 설명해줄게. 이모는 여성신학자, 여성운동가로 일하면서 가부장적 권력 유지에 대한 욕심으로 가득 찬 남자들을 많이 만났어. 그럴 때 이모는 거의 모든 경우, 그들의 무엇이 문제이고, 그들이 무엇을 잘못하는가를 그 사람들 앞에서, 공식 석상에서 그냥 말해. 그러면 대부분 욕설과 박해를 받게 돼. 하지만 별로 떨리지는 않아. 그들과 싸우지만, 또 그들에게 화를 내지만 그들을 근본적으로 미워하지는 않는 것 같아. 그 사람들이 나쁜 짓을 한다고 생각하고, 행동을 고쳐야 한다고는 믿지만, 원초적으로 '나쁜 놈들'이라고 생각하지는 않아. 이게 바로 아버지에게서 받은 선물일 수 있지.

그러나 이건 여성운동 하는 사람에겐 약점일 수도 있어. 너, 지혜 언니가 나 놀리는 거 봤지? "무슨 여성운동 하는 여자가 그렇게 남자를 좋아하는 거예요?"라고. 그 언니 말이 맞아. 나는 이 세상에서 남자들이 얼마나 나쁜 짓을 하는지 많이 보았어. 너무도 많이. 내 경험적 데이터에 의하면 이제 남자를 싫어할 때도 됐지. 그런데 아버지가 주신 남자에 대한 원초적인 믿음 때문에 아직도 희망을 많이 걸고 있는 것 같아. 이건 어떤 면에서는 저주야. 왜냐하면 우리 아버지 같은 남자가 없거든. 아버지가 나의 아버지였기 때문에 그렇게 대해주셨던 거지. 나의 어머니는 아버지와의 삶이 그렇게 즐겁지 않으셨을 거야. 어쨌든 이런 아버지가 계셨기 때문에 나는 남자에 대해 내 친구들처럼 일찌감치 포기하지 못하고 실망에 실망을 거듭하면서도 기대를 계속하는 것이겠지. 하지만 이젠 졸업할 때가 온 것 같기도 하다.

만약 내가 깡이 좋다면, 그 세 번째 이유는 삶에서 당한 많은 어려움 때문일 거야.

열 살 때 모든 걸 빼앗겼던 충격, 뒤따라온 가난, 그 가난을 극복해보려고 너무나 열심히 공부했던 것, 한국의 학생운동, 그때 당했던 납치, 취조, 고문, 감금, 미행, 전화 도청 들. 그리고 그 후에 있었던 어려운 결혼과 이혼, 몇 명뿐인 아시아의 여성신학자들을 대표해서 우리의 입장을 밝혀야 했던 국제강연과 토론 들, 이에 뒤따르던 숱한 시기와 질투, 비판, 협박, 배반 들. 이렇게 인간 밑바닥의 여러 모습들을 보다 보니 어느 때부터인가 나 자신의 '죽음'을 두려워하지 않게 된 것 같아. 나이가 들면서 가능하면 싸우지 않으려 하지만, 너무도 심하게 '정의'가 침범당했다고 생각하면, 그래서 이 일에 대해서만은 꼭 싸워야겠다고 생각하면, 이모는 목숨을 걸고 정의를 이루기 위해 싸우게 돼.

아주 가끔, 10년에 한 번쯤 그렇게 싸울 때가 있어. 그렇게 싸우는 이모 모습을 본 친구와 동료들은 이모가 '건드렸다가는 뼈도 못 추릴 사람'으로 보인대. '저격수' 같대. 적의 심장을 명중시켜 사살하고, 확인 사살까지 하고, 다음엔 여유 있게 꽃을 던지고 나간대. 어떤 선배와 친구들은 같은 여자로서 이모의 그런 모습을 보면 너무 통쾌해서 오르가슴을 느낄 정도라고 하더구나. 그러나 이모의 이런 모습 때문에 이모를 '악마화'하는 사람들도 많아. '마녀', '이단', '막가파' 등등. 그래서 이모가 새로운 남녀 학자들을 만났을 때, 특히 남자들에게 가장 많이 듣는 이야기가 "생각했던 것과는 아주 다르게 생기셨네요. 여성적이고 부드러우신데요?" 하는 말이야. 처음엔 그런 말들이 기분 나빴지만, 이제는 그들의 마음속이 다 보이기 때문에 웃으면서 농담으로 받아넘기지. "뿔과 꼬리는 무거워서 집에다 떼어놓고 왔어요. 뿔과 꼬리가 안 보이니까 이상하게 느껴지시지요? 적당한 기회가 오면 보여드릴게요."

리나야, 오늘은 이모 이야기를 너무 많이 한 것 같다. 아마 오늘 한 이야기가 너나 네 친구들에게 도움이 안 될 수도 있을 거야. 이모 같은 어린 시절을 보낸 사람이 별로 없을 테니까. 하지만 우리에겐 언제나 운명적인 과거, 조건들을 바꿔나갈 힘이 있어.

자, 그러면 어떻게 해야 기, 끼, 깡이 넘치게 될까? 그 방법들을 이야기해줄게.

### 잘 먹고, 잘 움직이고, 잘 잔다

기가 넘치려면 우선 생기가 넘치는 음식물을 먹어야 해. 신선한 채소, 과일, 현미, 잡곡, 해초, 살아 있는 물 등등. 가능하면 영양가 있고 생기 있는 음식을 먹어서 그 생기로 너를 가득 채우렴. "너는 바로 네가 먹은 것이다!"

이모는 채식주의를 택했어. 이것이 생태학적으로 평화적이고도 책임감 있는 식사법이라고 생각하기 때문이지. 이모는 리나가 채식주의자가 되면 좋겠지만 그건 네가 채식주의 철학에 대해 공부해본 뒤, 그리고 실험을 통해 스스로 정하도록 해. 그리고 네 또래 친구들이 모일 때마다 먹어대는 정크푸드 좀 그만 먹고.

그리고 네 몸을 튼튼하게 하는 운동을, 네가 좋아하는 운동을 찾아서 전문가가 될 때까지 훈련을 해. 이모는 아침마다 공원에서 조깅을 하고 있어. 수영, 테니스, 걷기, 요가, 등산, 검도, 합기도, 쿵후, 호신술, 에어로빅. 무엇이든 하나를 정해서 습관이 될 때까지 매일 연습하도록 해. 네 몸에 힘이 있어야 기와 끼와 깡을 키울 수 있어.

그리고 잘 자는 게 중요해. 규칙적인 잠, 일찍 자고 일찍 일어나는 것이 가장 좋지. 이것이 우리 몸을 가장 편하게 해주는 잠의 형태거든. 생각해봐. 수십만 년 동안 인간은 해 떨어지면 자고 해 뜨면 일어났어. 그래서 옛날 사람들은 거의 하루에 아홉 시간에서 열 시간을 잤대. 자연의 리듬에 인간의 신체 리듬이 따라가는 가장 이상적인 수면을 했던 거지. 그러다가 전기가 발명되고부터 인간 몸의 리듬은 많이 망가졌어. 수면 연구가들의 이야기를 들어보면 현대의 많은 병들이 불충분한 수면, 또 거기에서 오는 부족한 휴식 때문에 일어난다는 거야.

그러니 무리해서 밤을 새워 공부를 하거나 무슨 작업을 하려 하지 마. 가능하면 많이 자고 깨어 있는 시간을 1백 퍼센트 효과적으로 이용하도록 해. 그리고 짧은 낮잠이 중요해. 이모는 동료들의 권고로 실험

해보았는데 도움이 많이 돼. 점심 먹고 30~35분 정도 잠깐 눈을 붙이는 거야. 계속 수직 자세로 있으면 몸에 좋지 않대. 그래서 하루의 중간쯤에 수평 자세로 누워 있으면 몸이 행복해한다는구나. 그래서 세계의 수많은 나라에 '시에스타siesta'라는 낮잠 자는 습관이 생겼나 봐. 모든 회사와 공장, 학교 등에 낮잠 시간이 있으면 더욱 효과적인 작업, 생산적인 작업을 할 수 있을 거야.

### 비전 찾기 Vision Quest

이건 미국의 인디언들이 '성인식'으로 쓰는 방법이야. 소년 소녀들이 어느 정도 크면 그들의 눈을 가리고 사나흘 분량의 식량을 싸서는 깊은 산속에 데려다놓지. 그러고는 사나흘 동안 홀로 숲 속에 있으면서 혼자 있는 두려움, 외로움을 견디게 한 후 숲을 헤치고 집을 찾아오게 해. 그걸 마친 젊은이만이 성인 공동체의 일원으로 대접받지.

그러니 리나, 너도 가능하면 사람이 잘 안 다니는, 그러나 안전한 깊은 산중, 사막, 바다 등 거친 자연에 혼자 가봐. 아니면 혼자 낯선 곳으로 여행을 떠나는 것도 좋지. 이렇게 하면 모르는 것에 대한 두려움을 극복하는 방법을 서서히 배워갈 수 있단다.

### '나는 그건 못 해' 하는 것들을 해보기

우리 각자에겐 모두 두려워하는 것들이 있어. 어릴 때 개에게 물렸던 사람은 개를 무서워하고, 수영하다 물에 빠졌던 사람은 물을 무서워하고, 화상을 입었던 사람은 불을 무서워해. 어떤 사람은 파티 같은 곳에 가서 새로 만나는 사람과 대화를 트는 걸 두려워하지. 또 어떤 이는 좋아하는 사람, 마음이 끌리는 사람, 사랑하고 싶은 사람에게 표현하기를 두려워하기도 하고. 또 어떤 사람은 대중 앞에서 연설을 한다거나, 노래를 한다거나, 춤을 추는 것을 두려워해서 '죽으면 죽었지 난 못 해' 하고 도망가지. 어떤 학생들은 자기는 겁쟁이라서 데모 같은 건 절대로 못 한다고 이야기해. 이렇게 두려움의 대상은 달라도 우리 모두는 다 자신만의 두려움을 가지고 있지.

이모의 경우는 어릴 때 자전거를 타다 다쳐서 그 후로 자전거 타기를 두려워했고, 웬일인지 쥐를 무서워했고, 깊은 물속을 두려워했어. 그러다 마흔 살이 넘어서 자전거 타기를 다시 배우기 시작했지. 공원에 가서 헬멧에, 장갑에, 무릎 보호대, 팔꿈치 보호대(이건 다 인라인 스케이트 탈 때 필요한 거야)까지 하고, 정말 꼴불견이었지만 그렇게 다시 자전거 타는 걸 배우기 시작했지. 에코페미니스트로 살려면 앞으로 연료가 안 드는 자전거를 잘 타야 한다는 생각이 들었거든. 그리고 할머니가 되어서 산악자전거를 타고 세계를 다니면서 아이들에게 새로운 세상을 꾸미는 이야기를 해주고 싶거든. 또 쥐가 나오는 히말라야의 절간에 가서 어둠 속에서 매일 쥐를 바라보며 명상을 했지. 그러니까 쥐가 귀엽게 보이면서 쥐에 대한 두려움이 없어졌어. 그리고 2년 전쯤에 스쿠버다이빙을 배웠어. 내가 깊은 물속을 두려워해서 일부러 배운 거야. 깊은 물속은 상상을 불허할 정도로 아름다웠어. 스쿠버다이빙을 배우다 보니 그것이 인간들이 바다의 영역을 침략하는 공격적인 스포츠처럼 느껴져서, 그리고 에코적이 아닌 것 같아서 스노클링으로 바꾸긴 했지만, 내가 많이 무서워하던 것을 해본 것은 좋은 것 같아. 깊은 물속에 대한 두려움이 없어졌으니까.

그러니까 리나, 적어도 한 달에 한 번씩 '나는 그건 못 해' 하는 걸 해봐. 네가 만약 수많은 청중 앞에서 발표하는 걸 두려워한다면 자진해서 손을 들고 하겠다고 나서봐. 네가 만약 대중 앞에서 춤추는 걸 두려워한다면 어느 날 파티에 가서 미친 척하고 맨 먼저 나가서 춤을 춰봐. 이러다 보면 점점 불필요한 두려움이 없어지고, 네가 꼭 용기를 내어 무언가를 해야 할 때 그 일을 해낼 수 있는 힘이 생길 거야.

그러면 이제 이모가 기, 끼, 깡이 필요할 때 도움을 받는 음악, 영화, 책, 명상에 대해 알려줄게.

**음악**
스위트 허니 인 더 록, 〈Harriet Tubman〉
홀리 니어 & 로니 길버트, 〈Harriet Tubman〉
밥 말리, 〈Get Up, Stand Up〉

**영화**

이민용 감독, 〈개 같은 날의 오후〉
리들리 스콧 감독, 〈델마와 루이스〉
여자 무사가 등장하는 중국 무술 영화들
이안 감독, 〈와호장룡〉
장이머우 감독, 〈붉은 수수밭〉

**책**

시몬 베유 일대기
로자 룩셈부르크 일대기
바버라 G. 워커, 『아마존』
오드레 로드, 『이방인 자매 Sister Outsider』

**명상**

설악산 봉정암까지 혼자 올라갔다 내려와봐.
아무 말 하지 말고, 산의 소리와 너의 호흡 소리만 들으면서 말이야.
이건 깡을 기르는 '걷는 명상 Walking Meditation'이야.

리나, 한국에서 마광수라는 작가가 『나는 야한 여자가 좋다』라는 책을 써서 사회적 물의를 일으킨 적이 있었지. 이모는 이런 작가의 창작의 자유를 인정해주지 못하는 한국 사회가 안타깝게 느껴져. 여자에 대한 그의 이해에 동의하진 않지만, 창작의 자유는 꼭 법적으로 보호되어야 한다고 믿어. 그가 말하는 야한 여자는 새빨간 매니큐어에 진한 화장을 하고, 파인 옷을 입고, 남자를 유혹하려고 온갖 추파를 보내는 유형의 여자였어. 이모는 그런 여자들을 야한 여자라고 생각하지 않아. 도리어 불쌍하고 추한 여자로 보지.

이모가 보기엔 진짜 야한 여자는 기, 끼, 깡이 넘치는 여자야. '들野'의 야한 여자, 와일드 우먼Wild Woman. 길들여지지 않은 광활한 들판 같은 여자. 야생마 같은, 야생화 같은, 그리고 야당(?)처럼 야한 여자, 자기 고유의 리듬이 그대로 몸과 감성에 살아 있고, 자기 안에 강물이 흐르는 여자. 불꽃처럼 타오르는 정열로 햇불처럼 우리 길을 뚫어주는 여자. 그리고 자기의 성sexuality을 즐거워하고, 성적인 힘을 키워가는 여자.

미국의 흑인 여성 작가이자 여성주의 이론가인 오드레 로드가 말했던 '에로틱의 힘the Power of the Erotic'을 간직한 여자, 이런 여자가 진짜 야한 여자야. 오드레 로드가 이야기했던 '에로틱의 힘'은 자기의 가장 깊은 존재의 떨림에 연결된 힘이지. 부서지지 않은 가장 자기다운 온전한 떨림, 너의 성기로부터 온몸에 퍼져나가는 창조적 정열 같은 거야. 이 힘은 성행위를 할 때 느끼는 것만이 아니라, 네가 창조적 작업을 할 때, 바닷물에 발을 적시며 모래 위를 걸을 때, 세상을 바꾸는 혁명적인 운동을 할 때 느끼는 힘이지.

　리나, 진짜로 '야한 여자'가 돼봐. 너의 생명의 힘을 모든 세포로 뿜어내는 못 말리는 여자. 너는 소질이 다분해. 우리 집안 여자들이 다 야한 여자들이지만 네가 가장 '야한 여자'로 진화하도록 이모가 기도할게.

"그러니 리나, 야한 여자가 되라!"
(So Rina, be a wild woman!)

"야한 살림이스트 여전사가 되렴!"
(Be a wild Salimist woman warrior!)

# 4

## 여신은 한과 살을 푼다

---✵---

Long Live the Power of Anger
for the Work of Love.

리나.

오늘은 이모가 아주 어려운 이야기를 해야 할 것 같다.

이모가 살아오면서 가장 많은 시간과 정열, 돈을 들여가면서 해결하려고 했던 문제에 대해서. 그건 여성의 '분노'를 어떻게 창조적으로 채널링하고 해결해서, 몇천 년 가부장제를 살아온 여성들의 무의식 속에 맹수처럼 갇혀 있는 한과 살을 풀어주면서, 그것을 어떻게 새 창조의 원동력으로, 자료로 변화시킬 수 있을까 하는 문제였지. 이건 나의 개인적인 삶의 어려움이기도 했어. 이모는 20세기 후반 내가 자라나던 시절에 일어났던 수많은 부정의에 대해 너무도 분노해서, 인도의 전설적인 여자 의적 '밴디트 퀸'이 되고 싶은 적도 있었지.

가부장적 자본주의를 살아가는(가부장적 사회주의도 마찬가지지만) 어떤 여자도 그 여자가 정말 건강하고 깨어 있다면 지금 세상에서 일어나고 있는 일들에 대해서, 그 욕심과 폭력, 부정의에 대해서 분노하지 않을 수 없을 거야. 나는 나에게 여자로서 느끼는 '억울함', 여자로서 느끼는 '참을 수 없는 분노', 여자로서 느끼는 깊은 '슬픔과 절망'에 대해 호소해 오는 많은 친구, 선배, 후배, 제자 들을 접해왔어. 밤중에 울면서 전화를 하는 사람도 있었고, 길고 긴 편지를 써서 보내는 사람도 있었고, 부들부들 떨면서 집으로 찾아오는 사람도 있었지. 이혼 후 아이들 양육비를 전혀 주지 않는 유명한 남편의 사무실에 가서 휘발유를 뿌리고 분신자살을 하고 싶다는 친구도 있었고, 자신을 심하게 구타하지만 겉으로는 천사처럼 보이는 목사 남편을 어떻게 용서해야 할지 몰라 분노로 미쳐버릴 것 같다는 선배도 있었고, "야, 너 무슨 깡으로 그렇게 못생긴 얼굴로 면접시험 보러 왔니?"라고, 입사 지원한 회사의 남자 면접관들에게 모욕을 당하고 울면서 찾아온 학생도 있었어.

 내면의 소리에 귀 기울이며 이 나이까지 살아오면서 많은 사건들에 부딪혔지. 나를 분노하게 만든 일이 한두 가지가 아니었어. 이 분노를 해결하기 위해 이모는 5년이 넘는 시간 동안 심리치료를 받았고, 1천 권도 넘는 심리학 책을 읽었고, 수많은 시간 동안 기도했고, 명상했고, 단식도 자주 했어. 그리고 영적인 스승, 도인, 무당, 예언자 들을 찾아가 상담도 했지. 가끔은 깊은 산에 들어가 짐승처럼 소리 지르기도 했고, 다른 날은 음악을 크게 틀어놓고 미친 듯이 춤을 추기도 했지. 해결되지 않는 분노는 마치 에이즈 같은 거야. 이 분노를 해결하지 않으면 삶의 면역성을 잃게 되지. 세상의 거친 풍파에 대항해서 건강하게 살아갈 수 없게 돼. 온몸에서 점점 생명의 기운이 빠져나가고, 삶은 그 빛깔과 신선함과 달콤함을 잃게 돼.

그래서 많은 사람들은, 특히 여성들은, 그리고 가난하고 권력 없는 남자들과 아이들은 분노를 속에 넣고 가능하면 그냥 지워버리거나 잊어버리려고 노력하지. 특히 종교적으로 오리엔테이션된 사람일수록 그 경향이 더 심한 것 같아. 거의 모든 종교들이 '분노하지 말라'고 가르치고 있거든. 그래도 남자의 분노는 '남자다운' 성격으로 세상이 좀 봐주는 것 같아. 그러나 분노하는 여자는 위험 인물로, 가까이 해서는 안 될 사람으로 간주되어서 따돌림을 당하기 십상이야. 그래서 거의 모든 여자들이 자기의 분노를 속으로 속으로 쑤셔 넣고, 사회에서 무리 없이 용납받는 여자로 살아가려고 노력하는 것 같아.

그런데 문제는 이렇게 속으로 쑤셔 넣어 지워버리려고 하는 분노가 정말로 지워지느냐 하는 데 있어. 몇십 년을 깊이 수행해온 도인들처럼 수행하며 종교적으로 환하게 깨닫지 않고서는 분노는 그렇게 쉽게 지워지지 않아. 아니, 요사이 미국에서 베스트셀러 작가가 된 어느 명상 선생의 이야기에 의하면, 감정적인 상처는 각별히 노력해서 따로 치유해야지, 명상 수행을 많이 한다고 자동적으로 없어지는 것이 아니래. 깨달은 도사들 중에 그렇게 감정적인 면에서 문제를 일으키는 사람이 많다는구나. 특히 리나 같은 열여덟 청춘의 여성이 그 나이 많은, 일생을 수행해온 도인들처럼 분노의 문제를 쉽게 지우기는 거의 불가능하지.

  분노를 해결하지 않고 넘어간 사람들에게 찾아오는 심리적 병이 있어. 짓눌려서 무의식 속에 들어간 분노는 그 안에서 곪아 터져서는 마침내는 우울증이라는 증세로 나타나게 돼. 우울증은 심리학자들에 의하면 '안으로 향해진 분노'로 정의되지. 분노를 일으킨 대상에게 자신의 분노를 향하게 해서 문제를 해결하는 것이 아니라, 대신 분노를 자기에게로 향하게 해서 자신의 존재를 폭발 직전의 압력솥처럼 만들어 버리는 과정을 말하는 거야. 여자들은, 특히 종교적인 집안에서 자라난 여자들은 이 분노를 자기 안으로 향하게 하는 데 전문가들이 되어가는 것 같아. 왜냐하면 여자의 분노가 사회적으로 받아들여지기가 어렵고, 또 용기를 잔뜩 내어 그 분노의 대상에게 쏟아부어봤자, 잘못한 사람이 여자에게 자기 잘못을 시인하고 정중하게 사과하면서 상황을 시정하는 경우란 그다지 많지 않기 때문이지. 아니, 그런 경우는 여자의 경험상 거의 없기 때문에 그냥 자기 안으로 삭이는 게 낫다고 판단하는 거야. 계속되는 분노는 처음엔 우울증으로, 그다음엔 알코올 중독, 마약 중독, 담배나 일 같은 것에 대한 중독으로, 그리고 성 중독, 사랑 중독으로 변해갈 수 있지. 그다음에는 더 심각한 정신질환, 심리적 요인이 병이 되는 암과 같은 병들이 생겨날 수도 있어.

그래서 건전하게 분노를 해결하는 것은 건강한 몸과 마음과 감성을 유지하면서 즐겁고 보람 있는 삶을 살기 위한 필수 조건이지. 우리나라 여성들은 조선의 지독한 가부장적 유교봉건주의, 일본 식민주의, 한국 전쟁과 조국 분단, 그리고 이어서 쏟아져 들어온 미국적 가부장적 자본주의와 가부장적 기독교, 군사 독재정권 속에서 고통받고 살아왔지. '분노'가 가장 친한 친구나 가장 보기 싫은 가족의 일원처럼 그들을 따라다녔어. 아마 너의 할머니 시대 여성치고 속병을 앓지 않은 여성이 없을 거야. 이모를 키워준 어머니가 가끔씩 하시던 말씀이 있어. "석탄, 백탄 타듯이 내 가슴이 탄다." 이렇게 여성의 깊은 속이 타고 있는 것을 한국에서는 '한恨'이라고 불렀지. 한은 여성만이 느끼는 감정은 아니었어. 돈 없고, 백 없고, 배고픈, 서러운 사람들이 느끼는 공통의 정서였지. 그러나 진짜 서러운 이들은 주로 여성들이었기에 한국 여성의 근저에는 항상 '한'이 깔려 있었다고 말해도 전혀 과장된 표현이 아닐 거야.

문제는 이러한 '한'을 체념의 미덕쯤으로 여길 뿐, 치유해야 할 것으로는 전혀 여기지 않는 정서야. 안으로 잘 삭이는 여성을 '인고의 미덕'이 있다고 칭찬하면서 긍정적인 한국의 여성상으로 추대를 하고 있으니 말이야.

나의 스승인 민중신학자 현영학 선생님은 '한'이란 계속되는 부정의, 부당함, 억압, 불운 때문에, 그러나 그것을 정당하게 해결할 수 있는 공적인 채널이 없을 때, 혹은 간혹 채널이 있다 해도 그것을 쓸 수 있는 힘이 없을 때, 이 억울함을 당하는 사람들이 느끼는 분노, 절망, 슬픔, 답답함 등의 총체적인 느낌을 표현하는 것이라고 가르치셨어. 자신의 존재가 폭탄처럼 느껴지거나 아니면 '그래 봤자 소용없다'는 자포자기로 가득 찬, 너무도 쓸쓸하고 외로운 감정이지. 이모는 '한'을 한국 여성이 느껴왔던 가장 익숙한 집단무의식이라고 말하고 싶어. '한'은 거의 심리적으로 유전되는 것 같아. 우울한 어머니에게서 나서 자란 딸들이 삶에 대해 우울하게 느끼지 않을 수 없는 것이지. 물론 항상 예외는 있고, 또 자신의 노력에 의해 극복한 사람들도 있어. 그러나 그냥 자연 상태로 두었을 때에는 많은 경우, 어머니의 우울증을 물려받기 쉬운 거지.

  그런데 이모가 세상을 돌아다니며 깊이 바라보니 이건 제3세계 여성들만 겪는 고통이 아니었어. 아이러니하게도 소위 제1세계, 부자 나라 여성들 중에 우울증 때문에 고생하는 여자가 더 많은 것 같아. 이것은 깊은 분석을 요하는 것이지만 간단하고 거칠게 이야기해보자면, 여성들에게는 그들이 어디에 살든 다 속으로 쌓아온 분노들이 있는데, 가난한 나라의 여성들은 생존에 에너지를 다 쓰느라고 자기의 분노를 깊이 들여다보거나 그것을 깊이 지속적으로 느낄 시간과 정력이 없는 것 같아. 그래서 생존의 문제가 좀 해결되고 여유가 있는 여자들에게 이 우울증 증세가 더욱 분명히 나타나는 것이 아닐까 해.

미국에서 가장 많이 팔리는 약이 뭔지 아니? 우울증을 방지하는 약들이야. 제약회사들이 이 약들을 팔아서 가장 많은 이윤을 올리지. 이 사실이 이모를 더 분노하게 해. 이 약들은 여자가 자기의 분노를 직시하면서 그 분노를 해부하고, 고통을 겪으면서라도 그것의 본질을 알아 원인을 제거해 근본적인 치유에 이르는 것을 막는 기제야. 병의 뿌리는 그대로 둔 채 증상만을 견딜 만하게 잘 길들여 여자들을 '행복한 노예'로 만들지. 이 약을 먹으면 그냥 기분이 좋아진대. 분노의 기능을 상실하게 되는 거지. 어떻게 보면 일종의 마약 같다고 할 수 있어. 이 약 역시 마약처럼 오래 먹으면 이것 없이는 정상적인 생활을 할 수 없게 되니까 말이야.

물론 이모도 유전적 요소들에 의해 생화학적 불균형을 일으키는 정신질환을 고치기 위한 우울증 방지제에 반대하는 것은 아니야. 하지만 그런 생화학적 불균형이 처음에 왜 일어나게 되었을까라는 근본적인 물음에 더 관심을 기울여야 한다고 생각해.

난 이 세상에 있는 많은 우울한 여성들을 보면서 이런 상상을 해보곤 해. 어느 날 전 세계 여성들이 모두 다 이 우울증 방지제를 끊고 우울한 여자, 미친 여자들이 되어버리는 거야. 그래서 계속 슬프게 울거나, 멍하니 실성한 여자처럼 밖을 내다보거나(밥도 안 하고 빨래도 안 하고 아이들도 돌보지 않으며 직장에도 가지 않고), 아니면 자기들을 분노하게 만드는 대상들에게 정말 미친년처럼 분노를 표현하는 거지. 그것이 보고 싶어.

상상을 해봐, 리나야.

몇 주씩 씻지도 않고, 머리도 안 빗은 더러운 여자들이 새둥지 같은 머리를 하고, 악취 나는 옷을 입고, 자기의 남편, 자식 들을 전쟁터로 보내는 정부 앞에 몰려들어, 월경 때 나오는 피로 국방부 벽이나 계단에다 'You shall die'라고 쓴다고 상상해봐. 또 "너 죽고 나 죽자!" 이렇게 악을 쓰면서 맹수처럼 소리를 지르며 군 책임자들에게 달려든다면 어떻겠니? 아니면 환경을 파괴시키고, 가난한 제3세대 노동자들을 착취하는 회사들 앞에 가서 프라이팬, 냄비, 칼, 국자 등을 있는 힘을 다해 두드리면서 정말 '미친년 널뛰듯' 펄펄 뛰며 소리 지른다면 어떻겠어?

또 여자의 상황을 고려하지 않고 무조건 낙태를 금지시키고 피임 도구를 쓰지 못하게 하는 교회나 종교단체 앞에서 "야, 이 위선자들아! 우리 보지가 교회 보지냐, 국가 보지냐? 우리보고 피임 도구 쓰지 말고 낙태하지 말라고? 어떤 상황에서도? 그래서 여자들이 '만약 남자가 월경을 하고 임신을 할 수 있다면 낙태는 성례전 중 하나로 여겨질 것이다'라는 포스터를 만들어낸 거야!" 하며 데모를 한다면 어떻겠어?

혹은 여자들이 보따리를 싸들고 아이들을 데리고 집을 떠나서는, 나무가 잘려나가는 원시림이나 핵무기 공장 옆에다 텐트를 치고, 이런 정신없는 짓들을 계속한다면 우리는 절대로 집에 돌아가지 않겠다고, 물론 남편들과 섹스도 하지 않을 것이고, 정상적인 가정 생활로 돌아가지도 않겠다고 한다면 어떨까? 그녀들이 정상적인 시민 생활을 거부하고 매일 이곳에서 옛날 사람들처럼 옷도 모두 벗고, 목욕도 하지 않고 여신을 부르며 춤추고 노래하며 살겠다고 선언한다면 어떨까? 그들의 남편, 남자 지도자, 남자 동료들에게 이 미친 억압적 짓들을 당장 그만두지 않는다면, 우리 역시 물러서지 않겠다고 하면서 말이지. 지구를 죽이는 짓을 당장 그만두면 집으로 돌아가고, 목욕도 하고, 다시 옷도 입고, 요리도 하고, 너희와 섹스도 하겠다고 미끼를 던지면서 말이야.

세상 모든 여자들이 일주일만 단결해서 모두 자기 분노를 있는 대로 표현하는 미친년들이 된다면, 이 세상은 바뀔 거야.

그러나 슬픈 일은 여성들 속에 너무 많은 분열이 있고(가부장제가 여성들끼리 미워하고 경쟁하게 만들었거든), 이미 많은 여성들이 약이나 돈, 혹은 종교나 사랑에 중독되어 있고, 자신의 건강한 원초적인 상태가 어떤 것이었는지 경험도 못 해봤거나 아니면 그 기억을 잊어버렸기 때문에, 분노, 우울증, 자기혐오라는 사악한 사이클에서 어떻게 벗어나야 할지 모르는 경우가 많다는 거야. 자기 안으로 스며든 우울증은 나중에 이유 없는 수치감으로 바뀌고 이 수치감은 여성들로 하여금 죄의식을 느끼게 만들지. 이렇게 해서 억압의 완벽한 구조가 완성되는 거야. 화를 내고 억울함을 풀어야 할 피해자가, 잘못된 것을 시정해야 할 이들이 도리어 죄의식과 수치감을 느끼니 어디 억압의 문제가 해결되겠니?

흔한 예를 하나 들어보자. 여자가 강간을 당했다고 해봐. 그런 일이 있을 때 우리가 흔히 들어왔던 이야기가 어떤 건지 아니?

"어쩐지 암내를 풍기면서 야한 옷을 입고 다니더라니."

"아니, 조신한 여자라면 그렇게 밤늦은 시간에 뭐 한다고 혼자 돌아다니겠어?"

"걔가 원래 눈웃음치면서 꼬리 치는 타입이었어."

이렇게 말하며 강간당한 여자가 수치감과 죄의식을 느끼게 유도하는 거야. 너, 보디빌딩 하면서 야한 옷 입고 밤늦게 눈웃음치며 다녀서 여자에게 강간당했다고 욕먹는 남자 봤니? 아니면 여자에게 강간당해서 순결을 잃은 수치심에 자살한 남자 봤어? 하지만 그런 여자들은 수두룩하지. 이렇게 가부장제는 피해자를 욕하면서 여자의 분노를 존중하거나 그 소리에 귀를 기울이려 하지 않는 아주 잔인한 제도야.

그렇다면 우리 여자들은 이 오래된 분노와 관련해서 어떤 태도를 가져야 할까?

첫째, 절대로 '자기 파괴'적인 선택을 해선 안 돼.

전통적으로 '자기 파괴'라는 선택이 있어왔지. 너무도 많은 여자들이 자기 분을 못 이겨 자기 파괴적인 선택을 해왔어. 가장 흔한 예는 스스로 중독자가 되어버리는 거야. 중독자가 되는 선택은 결국 여자를 죽음으로 몰아넣지. 분노에서 오는 아픔을 잊어버리기 위해서 말이야. 중독에서 헤어나기는 너무도 어려워. 그러나 만약 이미 중독되었다면 절대 삶을 포기하지 말아야 해. 여러 곳에 이런 중독을 해결하는 프로그램이 있거든. 거기서 도움을 받으면 반드시 해결할 수 있어.

자기 파괴의 또 다른 예는 홧김에 그 결과를 감당할 수 없는 폭력을 써버리는 경우야. 분노의 대상을 죽여버린다거나 아니면 자신의 아이들을 해치거나 자살을 택하는 경우들. 이모는 아무리 못된 사람이라고 하더라도 죽여서는 안 된다고 생각해. 그래서 이모는 사형을 반대하는 사람이지. (물론 본회퍼 같은 신학자가 유대인을 학살한 히틀러를 살해하려고 했던 심정은 십분 이해하지만.) 마음이 여리고 어린 여자들은 자기가 목숨을 끊으면 자신을 해친 사람이 죄의식을 가지고 일생을 괴로워하며 살 거라고 착각을 하고 있는 거 같아. 그런데 많은 경우, 그런 사람들은 젊은 여자 하나가 죽었다고 괴로워할 사람들이 아니야.

이모가 전에 사랑하던 남자가 다른 여자와 사랑에 빠져 너무도 무례하고도 일방적으로 이모를 떠난 적이 있었어. 아무 준비도 없이 갑자기 당한 일이라 처음에는 믿어지지 않다가 그게 현실이라는 생각이 드니까 그냥 병이 들어버렸단다. 아무것도 먹을 수 없었고, 잠도 잘 수 없었고, 매일 눈이 퉁퉁 부을 정도로 울기만 했지. 그러다 내가 이렇게 심하게 앓다가, 만약 병원에 입원해서 다 죽게 된다면 그 남자가 돌아올까 하는 생각을 잠깐 해보았지. 그런 상황이 되면 꼭 돌아올 사람이라고 믿고 싶었어. 그런데 그 순간 눈앞을 지나간 장면이 무엇이었는지 아니? 그 남자가 자기와 눈 맞은 부자 여자와 홍콩 항구가 내려다보이는 호텔의 스카이라운지에서 촛불을 켜고 샴페인을 마시고 있는 거야. 그는 수려한 얼굴과 해박한 지식, 예술적 감각으로 여자를 유혹하고 있고, 그 여자는 비싼 음식을 시키며 자신의 부를 과시하고 있었지. 다음에는 어떤 섹스 토이sex toy를 써가며 섹스를 해볼까 생각하면서 말이야. 그 꼴을 보니 정신이 번쩍 들더구나.

나에 대해서는 '아니! 벌써!' 아득히 잊고, 또 다른 욕망의 충족을 위해 사냥에 나선 그를 떠올리니 억울해서 이대로 죽을 수는 없다고 생각됐어. 그래서 벌떡 일어났지. 그리고 큰 종이를 구해서는 대문짝만 하게 글씨를 써서 벽에 붙였어.

현경, 네가 매일 해야 할 일(하늘이 무너지고 땅이 꺼진다고 해도!)
첫째, 세끼를 잘 챙겨 먹는다.
둘째, 매일 한 시간씩 조깅을 한다.
셋째, 매일 한 시간씩 명상을 한다.
넷째, 매일 공부한다. (책을 적어도 50쪽은 읽는다.)
다섯째, 매일 글을 쓴다. (적어도 5쪽은 쓴다.)

'이건 무슨 일이 있어도 지켜야 해! 모든 여자의 자존심을 위해서!' 그렇게 생각했단다.

그리고 울면서 세끼를 먹고, 조깅을 하고, 명상을 했어. 너를 해친 사람에게 동정심을 일으키려고, 또 죄의식을 느끼게 하려고 너를 상하게 하는 것만큼 바보 같은 짓은 없어. 분노는 가슴 가장 깊은 곳에서 신뢰할 수 있는, 사실은 너에게 '너무도 충실한 친구'일 수도 있어. 그 친구는 누군가가 너의 삶의 경계선을 네 허락 없이 무례하게 침략했다는 걸 알려주는 전령 같은 역할을 하는 거야. 그러니까 아무리 화가 나는 일을 당해도 분노를 자기 파괴적으로 돌리면 안 돼. 알았지?

둘째, 분노와 한은 극복만 할 수 있다면 네 삶의 기막힌 자산이 될 수 있어. 큰 분노, 큰 한, 그리고 큰 저주(살)를 뛰어넘은 사람들은 정말 큰 사람으로 다시 태어나지.

모든 전통에서 무당들은 죽을 것 같은 고통들을 겪고 다시 태어난 사람들이야. 그리고 신화적인 원형archetype들은 거의 다 한 번쯤은 죽음의 계곡이나 지하 세계로 들어갔다가 그곳에서 다시 살아 나온 존재들이지. 슬픔과 분노의 끝까지 가보고 죽음에 이르는 병을 앓아본 사람들만이 거의 신화적인 삶의 깊이, 높이, 넓이를 획득하는 것 같아.

한국에 〈서편제〉라는 영화가 있어. 딸을 명창으로 만들려고 아버지가 딸의 눈을 멀게 하지. 한이 있어야 진짜 창이 나온다는 거야. 잘 만든 영화이긴 했지만, 이모는 기분이 나빴어. 전형적인 가부장적 이야기 같아서 말이야. 아버지의 예술에 대한 정열, 창에 대한 헌신을 딸의 온전한 삶보다 더 중요하게 다루고 있다는 생각이 들더구나. 딸이 마치 자신의 소유물인 듯, 자기 맘대로 예술을 위해 눈멀게 했던 그 아버지가 가지고 있는 문화적 권력이 나를 기분 나쁘게 했어.

그래서 내가 평소에 그 작품세계를 존경해왔던 이화여대 음대 국악과의 황병기 교수님에게 여쭈어보았지. 진짜 예술에 있어서 한이 그렇게도 중요하냐고 말이야. 그랬더니 선생님께서 이렇게 대답하셨어. 예술은 그늘이 있어야 깊이가 생긴다고. 그늘이 없으면 너무 얄팍한 말초적 예술이 되어버린다고. 그러나 그늘에 너무 파묻히면 완전 신파가 되어버린다는 거야. 참眞예술은 그늘을 가지고 있으면서, 그 그늘에 빠지지 않고, 그늘을 다 감싸 안으면서, 그 그늘을 초월하는 힘이 있다고 하셨어. 그래야 위대한 작품을 만들어낼 수 있다고. 나에게는 참 중요한 가르침이었어.

결국, 우리가 청승을 부리지 않는다면, 우리가 뛰어넘을 수만 있다면, 우리의 슬픔, 분노, 한이 다 우리의 힘이 될 수 있는 거야.

리나가 한 번도 만난 적 없는 네 할아버지 이야기를 하나 더 해줄게. 이건 네 할아버지가 이모한테 남긴 유언 같은 이야기야.

이모가 여덟 살쯤 됐을 때 같아. 어느 비 오는 날, 집에서 놀고 있는데 아버지가 비를 잔뜩 맞고 술에 취해서 돌아오셨지. 아버지의 그런 모습을 본 건 그날이 처음이었어. 그때까지 흐트러진 모습을 보인 적이 없으셨거든. 언제나 깨끗하고 멋있게 옷을 입고 다니시던 분이었지. 그런 아버지가 비를 맞고 술에 취해서 오셨다는 것이 내게는 놀라운 일이었어. 지금 돌이켜 생각해보면 아마 그때 이미 큰 사기를 당한 걸 아시고, 어쩌면 이것이 수습이 안 되어서 집안이 몰락하리라고 짐작하셨는지도 모르겠어.

아버지는 방에서 놀고 있는 나를 보더니 앞에 앉으셔서 코트 안주머니에서 잘 접은 종이를 하나 꺼내주셨지. 거기에는 거리의 철학자와 화가가 그림으로 풀어낸 내 이름에 관한 설명이 담겨 있었어. (《서편제》를 보면 방랑하는 성명학자가 이름을 풀어 그림을 그리는 장면이 나와. 리나는 그런 사람을 잘 못 봤을 테니까 〈서편제〉를 빌려다 보렴). 그 그림 속에는 해 뜨는 동해바다에서 해를 보며 입을 여는, 진주를 물고 있는 조개가 있었어. 아버지가 주로 하던 사업이 진주, 생선, 김, 해초 등의 양식이었거든.

아버지가 내게 물으셨지.

"현경아, 진주가 어떻게 만들어지는지 아니?"

"아니요."

"조개가 바다 밑을 다니다 보면 어느 날 살 속으로 작은 돌 조각이나 깨진 유리 조각 같은 이물질이 들어온단다. 그것 때문에 조개는 너무나 아파하지. 그래서 자기 몸에서 액체를 내서는 그 이물질을 감싸는데 많은 조개들이 그러다 썩어 죽게 돼. 그러나 그 아픔을 이겨내고 끝까지 살아남은 조개들은 진주를 만들어내. 현경아, 네 이름 속에는 진주가 있어. 이 그림을 봐. 해가 떠오를 때 조개가 입을 열지? 조개의 살 속에서 빛나는 진주가 보이니? 네가 이겨내지 못하면 썩어서 죽게 되고, 네가 이겨내면 보물이 될 거야. 우리 딸은 보물이 될 거야."

그때 나는 아버지의 눈에서 눈물이 글썽이는 것을 보았어. 그 후 일 년이 좀 넘어 아버지가 감옥에 가셨고, 아버지와의 깊은 대화는 다 끊어졌어. 이 이야기가 이모가 네 할아버지에게 들은, 마지막으로 기억나는 이야기야. 그때는 말의 의미를 이해하지 못했어. 그냥 아버지가 술 취해서 하는 주정으로만 알았지. 그러나 어른이 되어 아주 힘든 일을 당할 때마다 그 비 오던 날의 아버지 모습, 눈물 글썽이던 아버지의 눈빛, 진주에 대한 말씀이 기억나곤 했어. 그래서 정말 젖 먹던 힘까지 다 내서 어려움을 이겨내려고 애썼지.

리나, 할아버지가 남겨주신 이 귀중한 유산을 이제는 네게 전해줄게. 산다는 것은 고통받는 거야. 인간은 누구나 자기 몫의 고통을 받도록 되어 있어. 그런데 어떤 사람은 그 고통을 이겨내지 못해 가슴이 썩어서 죽고, 어떤 사람은 고통을 잘 이겨내서 어떤 의미에선 바로 그 고통 때문에 '보물' 같은 사람이 돼.

네 할아버지가 이 이모를 믿었듯이 나는 리나를 믿어. 이모는 리나가 보물이 될 것을 믿고 있지. 그러니까 아무리 슬프고, 분통 터지고, 억울한 일이 생겨도 그것을 극복하겠다고 굳은 결심을 하고 넘어가야 해. 진주를 만들어내는 조개처럼 말이지.

셋째, 분노와 한, 그리고 살(저주)의 극복이 개인의 차원에서만 머물면 안 돼. 그건 사회적인, 또 우주적인 차원으로 확대돼야 해.

우리가 여성운동, 환경운동, 평화운동을 하는 이유가 뭔지 아니? 그건 나만의 분노, 나만의 슬픔, 나만의 저주처럼 느껴졌던 사건들이 단지 개인적인 것이 아니라 모든 사회, 경제, 정치, 문화적 관습, 구조, 종교적 가르침들과 연결된 사건이라는 걸 알고, 그 가르침과 사회 구조들을 수정해야만 진정한 치유가 일어난다는 것을 믿고, 그것들을 바꾸기 위해서야.

여성운동의 모토 중에 이런 말이 있어. "개인적인 것이 정치적인 것이다The personal is political." 그것은 내가 겪고 있는 모든 개인적인 일이 사실은 사적인 일이 아니고, 공적인, 정치적인 차원을 가진다는 말이지. 사람들은 많은 군인들이 탱크를 몰고 들어가서 시민들을 학살한 '5·18 광주민주화운동'에 대해서는 분노하면서도 성행위를 원하지 않는 부인을 남편이란 권력으로 강간한 남자에 대해서는 같은 식의 분노를 표현하지 않지. 그러나 이 두 사건은 어떤 의미에서는 똑같아. 그러니 두 사건이 두 개의 분열된 사건이 아니라 지배와 종속이라는 같은 뿌리에서 나온 사건들이라는 것을 알고 함께 해결하려고 할 때, 우리에게 새로운 사회에 대한, 또 새로운 관계에 대한 희망이 생길 거야.

그리고 살로 여겨지는 일들도 잘 들여다보면 막연한 '팔자소관'이 아니야. 많은 가부장적 전통에서는 여자로 태어난 것을 무슨 저주처럼 가르쳤지. 하와가 선악과를 따 먹은 죄 때문에 하느님의 저주로 아이 낳는 고통을 겪게 되었다는 기독교의 가르침, 전생의 덕이 부족해 여자로 태어났다는 불교의 가르침, 남자들이 여자로 태어나지 않은 것을 매일 세 번씩 감사하는 유대교의 가르침 등, 소위 세계의 고등 종교들은 여자라는 굴레 자체가 존재론적으로ontologically 저주의 열매인 것처럼 가르쳐왔지. 또, 우리 전통 사주팔자에서 이야기되는 많은 '살'들('양인살' 등), 많은 '수'들('공방수' 등)도 사실 잘 들여다보면 개인적인 불행들로 해석할 수만은 없어. 이 모든 것에 페미니스트 해석학의 세례가 필요하지. 똑같은 기운이 남자에게는 축복으로, 여자에게는 저주로 해석되는 경우가 허다해.

이모의 예를 들어보자. 이모는 거의 남자 사주의 기운을 타고났다는 거야. 이런 사주는 조선시대였다면 여자로서 너무 불행한 사주래. 아니, 이모가 이런 사주를 가지고 만약 중세 유럽에 태어났다면, 마녀 넘버원으로 화형을 당했을지도 모르지. 그러나 이제는 세상이 너무 험악해져서 여자도 이렇게 강한 사주를 타고나야 세상의 풍파를 헤쳐나갈 수 있대. 또 내가 타고났다는 공방수도 마찬가지야. 이성애자의 성향이 아주 강한, 그리고 이성애자로 굳어진 이모는 아직도 이 가부장제가 팽배한 문화와 사회 속에서는 나의 가장 친밀한 공간을 평등한 사랑을 할 줄 모르는 남자와 나눌 수 없어. 지배와 종속을 재생산시키며 남자와 살기보다는 혼자 사는 게 훨씬 나은 것이지. 이모가 타고났다는 이 저주는 사실 축복일 수도 있단다.

이모는 정말 남자와 평등한 사랑을 나눌 수 있는 그날까지, 남자를 내 집에 들여와 살게 하지 않겠어. 그날이 예순 살에 오건, 일흔 살에 오건, 그때까지 기다릴 거야. 내 친구 글로리아 스타이넘이 66세에야 진정으로 평등한 파트너를 만나 첫 결혼을 했듯이. 만약 이생에서 그런 인연이 안 온다고 해도 상관없어. 적어도 우리 여자 중에 몇 명이라도 끝까지 진정으로 '평등한 사랑'이라는 원칙을 지키는 사람이 있어야 한다고 굳게 믿고 있으니까. 그래야 리나와 리나 다음 세대 여자들이 남자의 사랑을 얻기 위해 자신의 원칙을 버리는 일이 점점 줄어들고, 더욱 평등한 사랑을 할 기회가 많아질 거야.

그러니 누가 너보고 저주받았다고 이야기하면, 그 말을 그대로 믿지 말고, 왜 그 사람이 그런 말을 했을까 배경을 잘 생각해봐. 그리고 너의 저주를 축복으로 바꿔버려. 팔자를 바꿔버리는 거지. 왜 큰스님들이나 진정으로 깨달은 도인들의 관상을 읽을 수 없는지 아니? 이미 다 초월해버렸기 때문이야. 자신들의 법력으로, 도력으로 팔자와 운명을 조절할 수 있는 사람이 되어버린 거야.

페미니스트 윤리학자 중에 비벌리 해리슨Beverly Harrison이라는 여성이 있어. 이모가 무척 존경하는 분이지. 그분이 쓴, 세계 여성들을 뒤흔든 논문 중에 「사랑의 일을 하기 위한 분노의 힘The Power of Anger for the Work of Love」이란 글이 있지. 이모도 이 논문을 읽고 너무 속이 시원하고 신이 나서, 그 교수에게 배우려고 유니언 신학교의 박사 과정에 들어가게 되었던 거란다. 그분은 우리를 분노하게 하는 악한 권력 제도를 만들어놓고 여성들에게 분노하지 말라고 가르치는 가부장제 종교, 정치, 경제, 문화, 가족 제도 들이 가지고 있는 이데올로기들을 해체시키면서 분노야말로 정의를 이루는 혁명을 가능케 하는 원동력이라고 강조했지.

그분은 토마스 아퀴나스 같은 교부학자들을 인용하면서, 분노는 선도 아니고 악도 아닌 중립적 가치 neutral value라고 보았어. 이 분노를 선을 이루기 위해 쓰면 그것이야말로 '용기'의 근원이라고 말씀하셨지. 그러면서 여성들에게 우리가 받아온 종교, 문화, 가정교육 때문에 분노하는 자신에 대해 죄의식을 느끼지 말고, 그 분노의 힘으로 모든 사람들이 진정으로 사랑하며 살 수 있는, 그런 정의로운 사회를 만들기 위한 큰 사랑의 일에 자신을 투신하자고 가르치셨지.

그러니까 리나, 부정의에 대해, 세상에서 벌어지는 악함에 대해, 네가 당하는 부당함에 대해 분노해. 그러나 그 분노로 한과 살을 만들지 말고, 정의를 이루고 세상을 바꿔나가. 너 자신도 바꿔나가고. 한을 미화시키는 시대는 이모의 시대로 끝나기를 바라. 한 쌓인 여자들이 많아서 그것 때문에 기가 막힌 예술이 나오는 시대, 그 한의 예술을 미화하는 시대가 아니라, 죽어가는 지구와 죽어가는 인간의 관계, 나와 죽어가는 신과의 관계, 나와 죽어가는 자연과의 관계를 건강한 생명력으로 다시 살려내는 시대가 되길 바라. 그러면 거기에 알맞은 예술이 나올 거야. 여신의 조각이 풍성했던 고대처럼 말이야.

자, 리나. 이제 우리 한의 시대를 끝내자. 그리고 기쁨과 살림의 시대로 들어가자.

그렇다면, 분노, 한, 살을 푸는 데 도움이 되는 구체적인 방법들은 무엇일까?

### 거리 두기 Distancing

우선 울화통이 터지는 일이 벌어지면, 그 자리에서는 가능한 한 적게 말하고 적게 행동하기. 이것은 참 어려워. 만약 네게 분통 터지는 일이 생기면, 그 자리에서는 일단 마음을 내려놓고 관찰하면서, 관련된 모든 사람들과 사건들을 깊이깊이 살펴봐. 울화통 터지는 자리에서 바로 행동해버리기 때문에 큰 실수를 할 때가 많단다. 그러면 분노의 뿌리를 해결하는 데 별로 도움이 안 되는 일이 벌어지기 쉽지. 분노케 하는 상황이 일어나면 가능한 한 빨리 그곳을 떠나 너 혼자만의 장소를 찾아야 해(그러나 항상 예외의 경우는 있어. 그 자리에서 금방 화를 내야 할 때도 있지. 자신과 다른 사람들을 보호하기 위해서. 그러니 신중하게 상황을 판단해야 해).

### 비폭력적 화내기 Nonviolent Expression

일단 혼자가 되면 네가 느끼는 느낌을 있는 대로 다 표현해. 그렇다고 강아지를 때리거나, 책을 찢거나, 물건들을 부수지 말고. 이모가 하는 방법은 일기장을 꺼내서 제일 심한 욕, 정말 하고 싶은 말, 차마 나의 학벌과 지위와 교양을 가지고 입에 담을 수 없는 말들을 다 써보는 거야. 그리고 내가 그 사람에게 하고 싶은 모든 처벌과 저주를 거기에다 담아보는 거지. 이모에게는 이것이 제일 효과적인 방법이었던 것 같아. 아니면 베개를 그 대상이라 상상하며 실컷 때려줄 수도 있고, 산에 가서 소리 지를 수도 있고, 음악을 크게 틀고 울거나 춤을 출 수도 있지. (온갖 욕을 다 해가면서.)

하여간 폭발할 것 같은 분노 에너지를 네 안에서 썩게, 곪게 내버려두지 말고 표현해. 화를 표현하는 사람이 속으로 숨기는 사람보다 암에 걸릴 확률이 훨씬 낮대.

### 상담치료나 영성치료 Psychotherapy, Spiritual Counselling

그러나 너무 뿌리 깊은 분노는 혼자 힘으로는 해결이 안 될 때가 많아. 이럴 때 상담전문가를 찾아가는 것이 중요해. 일반적으로 정신이상자가 심리상담 받는다고 생각하는 것 같은데 그건 편견이야. 이모는 인간은 모두 인생의 어떤 시점에서 심리상담을 받아야 한다고 생각해. 우리 모두가 부족한 사람들이고 편견에서 빠져나오기 어렵기 때문에 밖에서 거울이 되어 우리를 있는 그대로 비춰줄 수 있는 지혜로운 사람들이 필요하지. 아니면 믿을 수 있고, 깨달은 사람으로 정평이 난 어른들을 찾아가서 의논을 드려봐. 그러면 너의 무거운 마음에 새로운 관점들이 생기면서 훨씬 많은 대안들이 분명하게 보일 거야. (이때 좋은 스님, 목사, 수녀, 신부, 무당, 도인, 선생님, 아니면 사회운동가 등 여러 분들을 찾아갈 수 있지. 그러나 아무리 좋은 남자 어른이라도 그들이 가지고 있는 성차별에 대해서는 유의해야 해.) 혹은 믿을 수 있는 친한 친구나 선배를 찾아가서 네 느낌을 있는 대로 다 털어놓으면서 수다를 떠는 것, 이것도 중요해. 그러다 보면 마음이 훨씬 가벼워질 거야.

### 기도와 명상 Prayer & Meditation

일단 이렇게 네 안의 열기를 뿜어낸 후에는 깊이 기도하고 명상해봐. 왜 이런 일이 일어났을까? 나의 잘못은 없었을까? 무엇이 문제일까? 어떻게 이 일을 해결할까? 깊이깊이 들여다보는 거지. 그리고 너의 수호천사나 신에게 지혜를 달라고, 이 분노에서 벗어나게 해달라고 기도를 드려. 이때 비폭력적 화내기를 할 때 썼던 일기장으로 돌아가보는 것도 좋은 방법이야. 마음이 가라앉은 다음에 차분한 마음으로 '다시 써보는 분노 이야기'를 만들어가는 거야.

### 분노의 이름을 짓고 분노의 대상과 대면하기 Naming & Confrontation

앞의 과정들을 거치면서 네가 왜 그렇게 분노하는지가 분명해지면, 그리고 그것이 정말 부정의에 근거해 있고, 네 생각에 그것이 꼭 해결되어야 한다고 믿는다면, 그 분노의 대상을 찾아가서 차분하고 예의 있게 품위를 잃지 않으면서 네가 왜 분노하는지 말해봐. 시정이 필요하다면 시정을 요구해. 특히 근친상간을 당한 사람들에게 이 과정은 치유되기 위한 필수 과정인 것 같아. 이때 너 혼자 가는 건 좋지 않아. 항상 '증인'을 대동하고 가야 하지. 그리고 혼자 힘으로 안 될 땐 여성 그룹의 도움을 받도록 해. 너의 문제가 개인적인 문제를 넘어설 때는 사회운동으로 발전시키는 거야.

그러나 여기에도 항상 예외는 있지. 네가 판단하기에 승산이 없는 싸움은 포기하는 것도 좋아. 또 분노의 대상을 향해 있는 대로 소리를 지르고 난리를 치면서 한판 벌이는 것도 좋아. "아니, 숙녀가 저럴 수가……!" 하는 사람들에게 "엿 먹어라, 숙녀!" 하면서 말이야. 그러니까 여기서도 지혜가 필요하지. 물러날 때와 싸워야 할 때, 조용해야 할 때와 시끄러워야 할 때를 구분하는 지혜 말이야.

### 제례 Ritual

이래도 저래도 해결이 안 되는 분노와 한 들도 있단다. 그럴 때는 제례를 해. 교회에 가서 예배를 드릴 수도 있고, 고해성사를 할 수도 있고,

굿판을 벌일 수도 있고, 절에 가서 한을 초월하는 예불을 드릴 수도 있지. 아니면 네가 직접 네 마음을 가장 잘 풀어줄 수 있는 제례를 만들어 해보는 거야.

이모 친구 중에 강간당한 친구가 있었어. 우리는 여자 친구들을 모아 보름달이 뜬 밤에 깊은 산속 폭포로 가서 옷을 벗고 그 친구를 씻겨주는 제례를 했지. 이모의 경우에 도움이 된 제례는, 정말 풀 수 없는 억울함과 슬픔이 있었을 때 그 대상에게 긴 편지를 써서 태운 후, 그 재를 내가 만든 종이배(열반호)에 넣어 강가에서 띄워 보낸 거야. 리나야, 너도 자신을 가장 잘 위로해줄 수 있는 제례를 구성해봐.

## 만트라 Mantra

위의 방법들이 소용없을 때는 만트라를 해. 네가 성모 마리아께 기도하고 싶다면, "자비를 베푸소서, 성모님"이라고 한다든지, 예수님께 기도하고 싶다면 "주 날개 밑 내가 편안히 쉬네"라고 한다든지, 관세음보살께 기도하고 싶다면 "옴 마니 파드메 훔"이나 "관세음보살"이라고 해도 되고, 또 여신들에게 기도하고 싶다면 칼리, 권인, 이시스, 이나, 타라, 삼신할미, 당금아기, 아프로디테, 아르테미스 등 여신들의 이름을 주욱 부르며 만트라를 끊임없이 계속하는 거야. 이모는 항상 묵주나 염주를 가지고 다녀. 그리고 시간이 날 때마다 계속 만트라를 하지. 도움이 많이 되는 것 같아.

이제 이모가 화가 나거나 슬프거나 한이 맺혔을 때 도움을 받았던 음악, 영화, 책, 명상에 대해 알려줄게.

**음악**

밥 말리, 〈No Woman No Cry〉
밥 말리, 〈Redemption Song〉
이상은, 〈새〉
김건모, 〈핑계〉
안숙선, 〈심청가〉 중 심청 그리는 대목

**영화**

조지프 루벤 감독, 〈적과의 동침〉
세카르 카푸르 감독, 〈밴디트 퀸〉

**책**

장융, 『대륙의 딸』
토니 모리슨, 『파라다이스』
토니 모리슨, 『빌러비드』
해리엇 러너, 『무엇이 여성을 분노하게 만드는가』
에이드리엔 리치, 『더 이상 어머니는 없다 Of Woman Born』

**명상**

'사랑과 친절Loving-Kindness의 명상'은 이모가 미국에 있는 잭 콘필드라는, 아잔차 스님의 제자에게 배운 거야. 이 명상은 우리의 분노를 더 깊은 자비와 지혜로 바꾸어주는 과정이지.

편안한 자리에 가부좌를 하고 앉거나, 아니면 자리에 편하게 누워서 깊이 숨을 들이쉬고 내쉬어. 그러다 숨결이 안정되면 맨 먼저 가장 아름다운 사랑과 친절의 치유의 에너지를 자신에게 보내는 거야. 너 자신을 연보랏빛 치유의 에너지로 감싸는 상상을 하며 그 좋은 에너지 속에 머물러. 그 후엔 네가 상처를 준 사람에게 용서를 구하며 가장 아름다운 사랑과 친절의 연보랏빛 에너지로 그를 감싸. 충분히 에너지를 준 후 너에게 상처를 준 사람을 떠올리며 그 사람에게도 똑같은 치유의 에너지를 보내서 감싸주는 거야. 물론 이건 쉬운 일이 아니지. 그러나 네가 상처 준 사람에게 용서받았듯이 너에게 상처 준 사람도 용서해주어야 해. 그와 함께 충분히 머문 후 이 에너지를 전 지구로, 전 우주로 확장시키면서 그들을 다 끌어안아. 충분히 사랑의 에너지를 보낸 다음엔 반대 순서로 돌아오는 거야. 우주 → 지구 → 내게 상처 준 사람 → 내가 상처 준 사람 → 나. 그리고 다시 한 번 사랑과 친절의 연보랏빛 에너지로 자신을 축복한 후 명상을 하는 거야. 이것은 굉장히 효과 있는 명상이야. 이모는 이 명상을 통해 '원수'들을 용서했단다.

리나, 이모가 사랑하는, 13세기 아프가니스탄 출생, 터키의 수피(이슬람교 신비주의자) 시인 루미Rumi의 시 중에 이런 구절이 있어.

결국 너의 녹슨 쇠사슬이 금목걸이가 될 거야.
In the end, your rusty chain will become a necklace of gold.

우리를 분노하게 만들고 옥죄는 모든 억압의 사슬들을 금목걸이로 변화시키는 것. 그것이 바로 여신의 전사들의 연금술이야. So be it!

# 5

## 여신은 금기를 깬다

---※---

Break Taboo!
Dance on the Sword!

리나.

 이모가 리나에게 지금까지 알려주었던 네 가지 계명이 여신으로 살아갈 사람이 거쳐야만 하는 개인적인 준비라면, 앞으로 이야기해줄 네 개의 계명은 그 개인적인 준비가 많이 된 사람이 사회적으로 여신의 비전을 실현시키기 위해 필요한 것들이야. 자기의 개인적인 문제들을 잘 풀지 못하고 혼돈이 많은 사람이 더 큰 사회적인 문제, 공동체의 문제를 해결해나가기는 어렵거든. 물론 개인적인 것이 사회적인 것이고, 사회적인 것이 개인적인 것이기 때문에 그것을 명확히 구분하기는 어려워. 이 우주 속의 모든 것은 모두 긴밀히 연결되어 있으면서 서로에게 영향을 주고 있으니까 말이야.

 그래서 좀 어색한 구분이지만 처음 네 가지 계명은 '개인적 준비', 다음 네 가지는 '사회적 실현', 뭐 이렇게 이름 지어보았어. 자신을 믿고 사랑하는 사람, 자기를 가장 가슴 뛰게 하는 일을 찾아낸 사람, 즉 자신이 누구인지, 이 세상에 왜 왔는지 어느 정도 감 잡은 사람, 그리고 그 존재의 이유를 실천해내기 위해 기와 끼와 깡을 키우는 사람, 세상을 위해 일하기 전에 자기 속에 뭉쳐 있는 분노, 한, 살의 정체를 알아내고 그것을 풀어내는 사람. 완벽하지는 않을지라도 이 정도로 자기 내면을 보면서 세상과 부딪치며 살 준비를 한 사람이 다음 단계로 넘어갈 수 있는 것 같아. 자기 문제가 무엇인지도 모르고 풀 줄도 모르면, 세상을 위해 좋은 일을 한다는 의도에도 불구하고 계속 자신과 남에게 상처를 주고 일을 그르치면서 사고를 저지르기 쉽기 때문이야. 물론 누구도 완벽하게 앞의 네 가지 계명을 졸업해서 뒤의 계명으로 넘어갈 수는 없겠지. 사람들은 세 발자국 앞으로 나갔다가 두 발자국 뒤로 퇴보하곤 하니까. 어떨 땐 열 발자국 퇴보하기도 하지. 영혼이 많이 진보한 것 같다가도 어느 날 다시 밑바닥으로, 시작점으로 떨어지는 것을 느낄 때가 있어. 그럴 땐 참 기운 빠지고 슬퍼진단다. 리나야, 그땐 어떻게 해야 할까? 실컷 울고 나서 다시 '자신을 믿고 사랑한다'는 첫 번째 계명부터 시작해야 해.

이모가 리나에게 전수한 여신의 네 가지 계명은 모두 멋있는 삶을 살기 위한 기본적 준비 항목들이란다. 어느 정도 안목이 생기면 이제 삶으로 뛰어들어야 해. 두려움 없이. 그러나 여성들은 남자들에 비해 두려워하도록 훈련되어왔어. 가부장적 사회문화는 전반적으로 여성들에게 두려움을 일으키는 환경이었지. 그중에서도 특히 여성들을, 그리고 억눌린 계급의 남자들을 꼼짝 못 하게 한 문화 기제는 '금기Taboo'라는 것이었어. 금기는 보상과 처벌이라는 기제를 가지고, 무엇이 가능한 것이고, 무엇이 불가능한 것인지를 사람들의 의식·무의식에 쑤셔 넣는 엄격한 규율이지.

아주 오래된 원시사회에서는 종족 보전과 부족 평화, 또 위생적·생태학적 보호라는 좋은 이유로 금기가 쓰인 적이 있었어. 예를 들어 히브리 성경책(구약)에서는 하느님이 인간에게 선악과를 따 먹지 말라는 금기를 주지. 최근의 어떤 성서 연구에 의하면, 이는 인간을 자신의 노예처럼 부리려는 하느님의 의지라기보다는 그 나무에 손을 대지 않게 함으로써 후세의 공동체에게 남겨줄 자원을 보호하려는 하느님의 사회주의적, 생태학적 관심이라는 거야.

그러나 일반 기독교회에서는 이 내용을 어떻게 해석해왔을까? 전통적 해석에 따르면 하느님의 주권에 도전하는 인간의 불복종과 인간의 원죄가 그 선악과를 따 먹는 행동으로부터 시작되었다고 본단다. 특히 선악과를 따 먹는 과정에 뱀, 하와, 아담이 모두 참여했는데도 불구하고 2천 년 기독교 역사에 있어서 가장 큰 '죄의 근원'으로 해석되어온 자는 '유혹자' 하와였어. 하와 때문에 인간은 낙원에서 추방당하고, 하느님과 끊어진 비참한 존재가 되었다는 거지. 남자, 그것도 죄가 하나도 없는 남자인 예수가 나타나 죄 많은 인간들을 자신의 피로 구원한 그날까지 인류는 '여자 때문에' 죄의 노예로 살아왔다는 이야기야.

이 전통 속에서 여자는 죄만 끌어들인 것이 아니라 더럽기도 했지. 히브리 성경책을 보면 여자가 월경을 하면 더럽다고 나와. 게다가 그 여자만 더러워지는 게 아니라, 그 여자가 앉은 자리, 그 여자를 만진 사람들도 '더러움'에 오염된다는 거야. 그리고 여자가 아들을 낳으면 출산 후 30일 동안 불결하고, 딸을 낳으면 60일 동안 불결하다는 이야기가 나오지. 그동안은 그 불결한 여자를 만지면 안 된다는 거야.

성서학자들에 의하면 위생시설이 좋지 않고 물도 귀한 사막기후에서 '모성 보호'를 위해 이런 금기가 생겼다고 하더구나. 그런대로 일리는 있는 이야기야. 그런데도 이 해석이 납득이 안 가는 이유는 왜 여자아이를 낳으면 남자아이보다 두 배나 되는 기간 동안 산모가 불결하게 취급되나 하는 거지. 산부인과 의사가 된 친구들에게 물어보니 아들을 낳건 딸을 낳건 산모는 똑같은 회복 과정을 거친다는데 말이야. 그렇다면 이러한 성서의 금기는 위생을 생각하는 모성 보호의 차원이 아니라, 출산부터 여아는 더 많은 오염을 일으키는 존재라고 가르치는 여성 억압적 문화 기제라고 볼 수 있지.

이러한 가르침은 몇천 년 전 부족장 시대의 이야기로 끝나지 않고, 현재를 사는 여성에게도 악영향을 끼치고 있어. 예를 들면 아직도 몇몇 보수적인 개신교단, 세계 가톨릭교회 등이 여성에게 목사 안수와 신부

서품을 주지 않고 있어. 그 이유가 뭔지 아니? '여자는 육체적으로 예수를 닮지 않았다No physical resemblance to Jesus', 여자는 월경, 출산 등으로 성스러운 제단을 오염시킨다는 것이 그들이 말하는 이유야. 여자가 예수와 어디가 안 닮았을까? '자지가 없다'. 그거 하나뿐 아니겠어? 이 '닮았다'는 말을 가족 유사라는 개념에서 보면, 유대인 여자가 아프리카 남자나 한국 남자보다는 훨씬 예수와 생김새가 비슷할 거야. 그런데도 유대인 여자는 아직 가톨릭 신부가 될 수 없고, 예수를 전혀 안 닮은 아프리카 남자나 한국 남자는 신부가 될 수 있지.

그리고 여자들이 월경, 출산을 안 했다면, 여성의 목사 안수나 신부 서품을 반대하는 그 남자들이 태어나지도 않았을 거야. 그러면 이렇게 여성을 억압할 기회가 주어지지도 않았겠지. 이모는 여자에게 목사 안수, 신부 서품을 안 주는 그러한 교회들은 '고추제국주의'의 담지자, 인류 발전에 해독을 끼치는 파시스트 그룹이라고 생각해.

너희 세대에는 많이 완화되었지만 이모 세대에는 큰 윤리적 문제였던 '혼전 성교' 문제도 마찬가지였어. 물론 피임을 철저히 하지 않은 성관계에서 일차적으로 임신의 책임을 져야 하는 사람들이 여자였기 때문에 결혼하지 않은 여자에게 성관계란 위험한 일이었지. 위험한 정도가 아니라 죄악시되어왔지. 결혼하기 전에 성관계를 가진 여자는 '값싼 여자', '더러운 여자', '버린 여자', '걸레' 등으로 불렸지. 그러나 이상하게도 결혼 전에 성관계를 가진 남자에게는 이런 이름들이 전혀 붙지 않았어. 그 정도만이 아니지. 아직도 세계의 많은 문화에서 아버지가, 형이, 선배가 이제 사춘기에 다다르거나 사춘기에서 벗어나는 소년들, 젊은 남자들을 '성인식'이라는 이름하에 창녀촌에 데려가곤 하지. '딱지를 떼어준다'고 하면서.

이모의 남자 친구들도 첫 성경험이 대학 입학식 뒤풀이 후 만취한 신입생들을 창녀 방에 밀어 넣은 선배들에 의한 것이었다고 고백했어. 성인이 되려고 딱지를 뗀 남자와 성행위를 한 여자는 걸레가 되고, 남자는 그때부터 진짜 사나이가 되는 구조. 아주 위선적이고 이중적인 성윤리가 그 바탕에 깔려 있어. 즉, 사회는 남자들의 성인식을 올려준 제사장 역할을 한 창녀들을, 그런 진짜 사나이들의 파트너가 될 수 있는 소위 좋은, 순결한 여자들과 철저하게 구분하지. 이런 남자들은 좋은 집안의 요조숙녀 같은 딸들에게는 사회의 처벌이 무서워 손도 못 대. 그러나 창녀들에게는 무슨 짓을 해도 괜찮다고 여기지. 왜냐하면 사회 전체가 전문직인 창녀 제도를 필요악으로 인정하기 때문이야. 그러나 이 필요악에도 남녀평등은 없어. 세계 어디를 다녀 봐도 창녀촌은 있는데 창남촌은 없거든.

이모도 대학 시절에 성 문제 때문에 참 많이 고민했어. 누구도 성 문제, 성 윤리에 대한 내 물음에 설득력이 있는 시원한 대답을 주지 못했지. 집에서 엄마한테 물어보면 "어린 게 벌써부터 발랑 까져서 그런 걸 알고 싶어 하니? 시집가면 자연히 다 알게 돼." 하는 답변으로 무시당했지. 내가 다니던 교회나 학교도 성 문제에 대해 자유롭게 토론할 수 있는 분위기가 아니었어. 수업 시간에 성 문제에 대해 질문하면 "어머, 쟤는 왜 저런 데만 관심 있니? 되게 밝히는 앤가 봐." 하는 분위기였지. 10대 후반, 20대 초반은 생물학적 '발정기' 아니니? 나는 정말 성 문제에 대한 뚜렷한 가이드라인이 필요했어. 그러나 아무도 내게 아주 솔직하게, 원칙적으로 말해주는 사람이 없었지.

그때 이모는 나중에 나의 남편이 된 학생운동 투사와 열여덟 살 때부터 열심히 연애를 하고 있었어. 연애가 깊어지니 남자는 프리드리히 엥겔스의 『가족, 사유재산, 국가의 기원』, 마거릿 미드와 브로니스라브 말리노브스키 같은 인류학자들의 책을 내게 가져다주기 시작했지. 그러고는 '여성의 순결'이라는 것은 여성을 누르기 위해 만들어진 억압 기제이며, 인류학적으로 보았을 때도 각 문화마다 다른 '성 윤리'가 있기 때문에, 혁명전선에 있는 남녀는 꼭 자주적, 주체적으로 구습을 극복해야 한다고 강조했어.

나는 워낙 독실한 기독교 가정에서 엄한 교육을 받고 자라났기 때문에 당시의 내 애인이 주장하던 혁명적 섹스를 할 의도가 전혀 없었어. 엄마 말대로 손이나 잡고 다니다가 결혼한 첫날밤에 첫 경험을 해도 괜찮을 것 같았지. 그러나 나의 애인은 나를 '구습에서 아직 해방되지 못한 억압받는 여성'으로 보면서 만날 때마다 '해방된 여성'이 될 것을 촉구했어. 그러던 어느 날, 나는 '혁명적인 해방된 여성'이 되기로 단단히 결심했단다. 나도 남자들처럼 위험한 빈민촌에 가서 야학을 하고, 공장에도 들어가기로 했어. 그리고 또 나를 '후진 여성'으로 못 박는 성 문제도 꼭 '자주적', '주체적'으로 해결해야겠다고 생각했지. 그래서 그때부터 성 문제, 성 윤리에 대한 책들을 닥치는 대로 읽기 시작했어. 그 당시 이화여대 철학과에서 정대현 선생님이 처음으로 가르치기 시작한 '성 철학', 기독교학과 현영학 선생님이 가르치던 '기독교 사회윤리' 과목이 큰 도움이 되었지. 나는 남들이 어떻게 생각하든 상관없이 교실에서 성에 대해 근본적인 질문들을 제기하기 시작했어.

그건 남자 친구와 결혼 전에 성교를 해도 되느냐 하는 차원을 넘어서는 것이었지. 내가 관심이 있었던 것은 소위 우리가 받아온 성 윤리의 주체와 규범이 어디에 근거하는가 하는 것이었어. 예를 들면 성은 누구에 의해서 '받아들여지는 성'과 '받아들여지지 못하는 성'으로 구분되는가? 또 성은 어떤 필요충분조건에 의해 '건전한 성'과 '부도덕적인 성'으로 구분되는가? 왜 남녀에게, 또 권력 있는 자와 권력 없는 자에게 똑같은 성 규범이 적용되지 않는가? 왜 '간통죄'는 한국의 법에만 있는가? 왜 결혼한 열여덟 살 소녀는 마음껏 성을 즐기는 것이 제도적으로 보장되면서 서른이 넘은 독신녀는 성의 즐거움을 박탈당해야 하는가? 도대체 성性은 그렇게 성聖스러운 것인가? 또 성은 그렇게 위험할 정도로 즐거운 것인가? 너무나 많은 질문들이 꼬리에 꼬리를 물고 쏟아져 나왔어. 2년도 넘게 너무나 열심히 '성 문제'에 대해 이론적으로 공부를 했어. '성 전문가'라고 놀림을 받을 정도로.

여러 분야에서 나온 성에 관한 책을 읽으면서 분명해진 것은 성 규범은 문화에 따라 다양하다는 것이었고, 결국 내 성행위의 주체는 나 자신이어야 한다는 것이었지. 그래서 나는 나름대로 나 자신의 성 규범을 만들어보았어.

첫째, 내가 좋아야 한다.
둘째, 자진해서 한다.
셋째, 사랑하는 사람과만 한다.
넷째, 상호 동의에 의해서 한다. (절대로 강요는 안 된다.)
다섯째, 남에게 피해를 입히지 않는다.
여섯째, 성행위에서 오는 모든 결과에 대해 주체적으로 책임을 진다.

이 정도의 주체적 규범을 만들고 나니 성에 대한 사회적 억압으로부터 자유로워지는 것 같았어. 그리고 내가 한 행동에 대해서는 어떤 식으로든 책임을 지겠다는 각오가 섰지. 이렇게 정리가 된 후 나의 애인에게 전화를 했어.

"형, 나, 성에 대한 이론 작업이 드디어 다 끝났어. 우리 이제 실습해

보면 어떨까?"

그때가 대학교 3학년 때였어. 매일 섹스하자고 졸라대던 애인도 내가 이렇게 나가니까 당황했나 봐. 쭈뼛거리더라고.

그래서 처음 실습을 해보았지. 이론만 있고 실기 능력이 없어서 무참히 실패한 실습이었지만 나는 그래도 기분이 좋아. 왜냐하면 너무 오랜 준비 끝에 내가 자진해서 시도한 것이었기 때문에…….

그 후에 그 남자와 결혼하게 되었지. 그런데 보수 기독교로 전향하게 되자 그 남자는 내가 결혼 전에 자기와 섹스를 했다고 나를 '정조관념 없는 여자'라고 비난했어. 그때는 화도 안 나고 웃음만 나오더라고. 그리고 그때 철저한 이론적 준비를 하고 섹스를 했던 젊은 여대생 시절의 내게 상을 주고 싶었단다. 그가 뭐라 하건 그건 그의 이념 변화의 문제지, 내 온전함을 그가 건드릴 수 있는 건 아니었어. 내가 최선을 다해 내린 결정이었으니까.

그때 내가 '해방된 여자'가 되라는 운동권 애인의 논리에 몰려 그와 섹스했다면 나중에 그렇게 '정조관념 없는 여자'라고 비난을 받았을 때 화가 나서 펄펄 뛰었겠지. "야, 네가 먼저 해방 운운하면서 하자고 그랬잖아. 네가 먼저 자자고 옆구리 꾹꾹 찔렀잖아. 온갖 성 해방 이론서를 다 갖다 주면서 말이야. 이제 와서 뭐? 나보고 정조관념이 없는 여자라고? 그때 계속 졸라대던 그 남자는 정조관념이 있는 남자였니?" 하면서 말이지.

그것이 이모가 처음 깬 한국 사회 성 윤리의 금기였지. 대학교 때 금기를 깼던 그 과정은 이후의 삶에서 좋은 모델이 되었어. 보수적이고 획일적인 한국 사회에서 여자로 나고 자라 꿈을 좇아가며 살기란 쉬운 일이 아니었지. 사회, 학계, 교계와 여러 차례 부딪혀야 했어. 내 꿈을 짓밟고, 내가 아무것도 아니라 하고, "너 같은 년 하나쯤은 죽어 없어져도 아무도 상관 안 해(이 말은 이모가 학생운동 하다 잡혀 고문당할 때 어떤 경찰서장에게 직접 들은 말이야)." 하는 세력들에 대해 "NO!" 하는 것은 뼈를 깎는 고통이 수반되는 일이었어. 그때마다 대학 시절의 '성 실험'을 기억했지. 그때의 노력들을 말이야.

그때 배운 것은 금기를 깨기 위해선 최선을 다해 그 금기의 뿌리에 대해 연구하고 분석해야 한다는 것이었어. 여러 다른 입장의 이야기를 들어보고, 그 입장의 강점과 약점을 생각해보고, 그리고 내 내면에서 그 입장들이 어떻게 온전하게 정리되나 잘 관찰해야 하지. 자기 내면의 목소리, 자기 몸의 느낌에 충실한 사람만이 '자기 나름대로의' 결론에 도달하는 것 같아. '정답The answer', 오로지 하나의 답은 이제 어디에도 존재하지 않아. 그 상황에 가장 알맞은 '한 대답An answer'이 존재할 뿐이지. 이것이 학문의 흐름에서 '포스트모더니즘'이 우리에게 가르쳐준 점 같아. 포스트모더니즘은 신자유주의, 팽배하는 초국적 자본주의의 이념적 하수인 노릇을 하는 단점도 있지만, 하나의 획일화된 정답에서 우리를 해방시켜 다양성을 인정하는 폭을 넓히는 기여도 한 거야.

이렇게 깊은 공부와 사고 끝에 잠정적인 답이 나왔으면 금기를 깨는 실천을 해야 해. 머릿속에서만 용감한 사람은 세상을 바꾸는 데 아무런 쓸모가 없는 사람이야. 자기의 용감한 사상을 하나라도 실천하면서 자기 몸을 가지고 세상과 싸워야 해. 남들이 다 가만히 있다고 자기도 가만히 있으면서, 가령 벌거벗은 임금님을 보고 멋진 옷을 입었다고 자기최면을 걸면서 자신을 속이면 안 돼. 벌거벗은 임금님을 보면 "어머 벌거벗었잖아? 임금님, 쥐약 드셨어요?" 하고 말하렴. 어떤 상황에서도 '진실'을 말하는 것, 그것은 대단한 영적 훈련이야. 이모가 살다 보니까 임금님이 벌거벗은 경우도 있지만, 임금님은 아예 없고 번지르르한 옷만 있는 경우도 많더라고.

이모가 이혼하려 할 때의 일이었지. 이모와 이모의 남편은 7년간이나 열렬히 연애를 하고 결혼한 사이였지. 특히 학생운동의 동지였기 때문에 일생 해방적이고 평등한 부부 생활을 할 줄 알았어. 그런데 학생운동과 사회운동 속에서의 숱한 배반과 상처는 이모에게보다 남편에게 더 큰 상처를 입혔던 것 같아. 결혼하고 나서 남편은 점점 기독교 근본주의자 성령파 목사님으로 변해갔지. 성품이 착하고 좋은 남자였기 때문에 이모는 그와 헤어지지 않고 가능하면 결혼을 지켜보려 노력했단다. 그런데 나중에는 세상을 보는 눈이 너무 달라져서 미래에 대한 그 어떠한 결정도 함께 의논해서 내릴 수 없는 정도에까지 다다랐어. 그래서 여러 사건 끝에 결국 이혼을 결심하게 되었지.

그 당시 이모 집안에는 이혼한 사람이 한 명도 없었어. 친구들 중에서도. 나의 아버지와 키워주신 어머니께서 이미 돌아가셨기 때문에 그분들에게 마음의 상처를 끼칠 부담은 줄어들었지. 그래도 이런 일생의 결정을 혼자 해서는 안 되겠다는 생각에 학계와 교계에 계신 내가 존경하는 스승님들과 의논을 했지. 무슨 일이 일어났는지 아니? 그 모든 분들이 거의 다 내게 이혼하지 말라고 하셨어. 남녀노소, 국적, 인종을 초월해서 말이야. 학계에 계신 분들이 하신 조언은 "이제 당신이 몇 명 안 되는 아시아의 유망한 여성 해방 신학자로 부상하고 있는데, 지금 이혼을 하면 여성 해방 신학은 가정을 파괴시킨다는 보수적인 사람들의 논리를 증명해주는 셈이다."였지. 그래서 아시아 여성신학의 정착이라는 '대의'를 생각해서라도 개인적인 사생활 면에서는 희생을 좀 감수하라는 논지였어. 또 나의 급진적인 페미니스트 학자 동료들도 "한국 사회에서 이혼을 왜 해? 이혼하면 여자만 손해인데. 남편 미국에 두고 결혼 유지하면서 한국에 젊은 애인이나 하나 만들어." 하기도 했지. 가뜩이나 신학적 입장이 급진적이라 여러 가지 비판을 받고 있는데 거기다가 이혼까지 하면 가슴에 '주홍글씨'를 달고 다니는 꼴이 될 거라 했지.

교계에 계신 분들도 비슷한 이야기를 했어. 내가 다니는 교회 목사님은 "당신 이제 공인이야. 공인에게는 결혼 같은 건 그렇게 중요한 것이 아니야. 그냥 있는 듯 없는 듯 내버려두고 당신이 할 일에 집중해. 사회적인 큰일을 할 여자가 왜 그렇게 개인적인 문제에 연연하나?"라고 말씀하셨지. 영적인 지도를 해주시던 인도의 신부님도 이렇게 말씀하셨어. "성모 마리아가 예수를 보듯이 어머니의 눈으로 남편을 보십시오. 그러면 문제가 해결될 것입니다." 내가 워낙 그 할아버지 신부님을 존경하고 좋아했기 때문에 공손히 그 자리에서 물러났지만 나에겐 설득력이 없는 조언이었지. 예수는 마리아의 아들이었지만 내 남편은 내 아들이 아니잖아? 아마 가톨릭교회의 여자들이 지나치게 '엄마 마음', 즉 성모 마리아의 마음으로 남자들을 봐주다가 아직도 그렇게 교회 내에서 2등 시민으로 천대받고 있는 게 아닌가 하는 생각이 들더구나.

여러 분들의 조언들이 참고는 되었지만 그 어떤 말도 내 영혼에 설득력 있게 다가오지는 않았어. 그러기에는 내 존재가 '너무' 페미니스트로 변해 있었던 거 같아. 페미니즘 운동의 기본 모토가 뭐야. '개인적인 것이 정치적인 것이다'잖아. 나는 왜 '대의', '공公'을 위해서 개인적인 생활을 희생해야 하는지 납득이 되지 않았어.

그러던 어느 날, 내가 좋아하는 선순화 목사, 손은하 목사가 계시는 구로공단의 여성 노동자 교회인 '새터 교회'에 모임이 있어서 갔다가, 뒤풀이 자리에서 여성 노동자들과 만나 내 이혼 여부에 대해 이야기할 기회가 생겼어. 그랬더니 그들 모두의 입에서 나의 고상한 학계·교계 스승, 동료 들과 정반대되는 조언들이 쏟아져 나오더구나.

"아니, 선생님 미쳤어요? 그렇게 생각 안 맞는 남자하고 뭐 하러 사세요? 우리는 때리는 남자 떠나고 싶어도 나가면 당장 오갈 데도 없고, 생계 부양 능력이 안 돼서 못 떠나는 거예요. 선생님은 자기가 벌어서 충분히 잘살 수 있으면서 뭘 망설이세요? 인생이 뭐라고……."

그들은 학계의 평판, 교계의 비난을 두고 고민하는 나를 비웃었어. 아니, 야단을 쳤지. "아니, 선생님. 남이 뭐라 하든 그게 무슨 상관이 있어요? 그 사람들이 선생님께 콩 내라 팥 내라 한다고 선생님 삶이 뭐가 달라지나요? 자신이 행복한 게 최고예요. 자기 행복은 자기가 챙겨야 해요."

왠지 그들의 말이 너무도 힘 있는 진실처럼 들렸어. 그들이 나의 부르주아적인 문화로부터 나를 해방시켜주는 것 같았지.

그러던 중 당시 30년 만에 다시 찾게 된 나의 생모, 너의 할머니를 뵙고 많은 이야기를 나누었어. 75세가 넘은 어머니는 아주 혁명적인(?) 이야기를 해주셨지.

"야야. 화무는 십일홍인 기여. 하루라도 빨리 갈라부러라. 지금 한창때 남자하고 '윤기'가 쫙쫙 흐르게 살아야지. 늙으면 아무 소용 없는 기여. 남자 좋아 보일 때도 잠깐인 기여. 뭘 망설이는 기여? 한 택시가 가면 그다음 택시 오는 거 모르냐?"

그러면서 네 할머니는 언제 이혼해줄지 모르는 남편한테 목매달지 말고 지금이라도 빨리 좋은 남자 골라 연애를 시작하라고 하셨지. 당시

나에게는 충격적인 말이었어. 여든이 다 돼가는 할머니 입에서 그런 말이 나오리라고는 상상도 못 했거든. 난 어머니에게 나는 교수고, 신학자고, 한국에는 아직 '간통죄'라는 것이 있어서 그렇게는 못 하겠다고 했지. 그랬더니 대답이 뭐였는지 아니? 그때 생각하면 지금도 웃음이 나와.

"멍청한 년! 누가 신문에다 광고 내고 연애한다냐?"

어떻게 학교라고는 초등학교 문 앞에도 못 가본 너의 할머니가 그렇게 '진보적(?)'인 생각을 하실 수 있을까 생각하게 되더구나. 아마도 밑바닥에서 잡초처럼 밟히면서 살아남은 민중여성의 힘일 거야. 세상의 위선을 꿰뚫는 지혜와 정직성이 네 할머니에게는 체화되어 있었던 것 같아.

그래서 이모는 결국 남편과의 5년 별거 끝에 이혼을 하게 됐지. 구로공단 여성 노동자들과 너의 할머니의 조언이 큰 도움이 되었어. 그분들 이야기를 듣고 있으니까 십 년 묵은 체증이 내려가는 것 같았지. 그리고 한라산 기도원에 가서 금식기도를 했어. 하느님께 지혜를 달라고 간절히 구하면서 말이야. 기도 중에 이런 소리가 들렸어.

"네 가슴을 쫓아가!"

그 소리를 듣자, 갑자기 눈물이 나면서 너무나 큰 기쁨과 자유의 기운이 내 속에서 터져 나오기 시작했어. 나는 울면서 한라산을 막 뛰어다녔어. 덩실덩실 춤까지 추면서 말이야.

"오, 자유. 오, 자유. 나는 자유하리라!"

하고 노래도 부르면서.

그리고 법적 절차를 걸쳐 이혼을 했어. 나에게 주어진 또 하나의 사회적 금기를 깬 거지.

그러나 이혼 후의 삶이 장밋빛 삶은 아니었어. 개인적으로나 사회적으로나 이혼했다는 이유로 여러 가지 박해와 멸시를 받게 되었지. 30대 초반의 젊은 이혼녀는 한국 사회에서는 성적으로 억압된 여러 남자들의 '밥'이었어. 어떤 운동권 목사에게 거의 납치되다시피 한 적도 있었고, 어떤 신학자에게는 강간당할 뻔한 적도 있었어. 그리고 한국 사회에서 유명하다는 소위 '지도자(물론 결혼한 사람들이지)'가 연애하자고 귀찮게 한 때도 많았지.

나를 납치한 그 사회운동 한다는 목사는 어떤 공적 모임이 끝난 뒤에 집에 데려다 주겠다고 차에 타라고 하고선 으슥한 시골길에다 차를 세웠지. 그러고는 나에게 달려들려고 했어. 무슨 짓을 하느냐고 소리치자 그 남자 대답이 걸작이었어.

"너 페미니스트잖아. 프리섹스 하는 게 페미니스트 아니야?"

나는 있는 대로 소리 질렀지.

"야! 페미니스트의 프리섹스는 너 같은 놈이 달려들 때 'No!' 하고 자유의지를 밝히는 거야. 개새끼! 너 나한테 조금이라도 손대면 내일 아침 한겨레신문사 가서 기자회견 할 거야."

이렇게 거부당한 남자의 수가 늘어날수록 이모에 대한 사회적 평판은 점점 나빠지기 시작했어. 거부당해 자존심이 상한 남자들이 어떻게 여자를 잡는지 아니? 그 여자에 대한 온갖 나쁜 소문을 만들어 사회적으로 매장해.

그런 소문은 사적인 자리에서만 일어나는 게 아니었어. 공적인 자리에서도 나에게 신학자인데 이혼했다는 이유로 시비를 걸면서 나의 이론을 '못된 여자'가 하는 신학이니까 타당성이 없다는 듯 깎아내리려 하는 자들이 있었어.

말레이시아에서 열린 YMCA 아시아 대회에서 주제강연을 한 적이 있었지. 그때 나는 '21세기를 끌어갈 아시아의 영성'에 대해 진지하게 강연을 했어. 강연이 끝나자마자 싱가포르에서 온 어떤 남자가 번쩍 손을 들더니 질문을 했어. 그 질문 내용이 뭐였는지 아니? 아마 너는 이모의 이런 말을 믿기도 어려울 거야. 그는 이렇게 물었어.

"결혼하셨습니까?"

싱가포르의 보수적인 교회에서 온 이 남자는 이모가 발표한 해방신학적, 여성신학적 신학이 마음에 안 드니까, 이모가 이혼했다는 걸 공공연하게 밝혀 망신을 주자는 의도였던 거지. 그런데 이런 일들을 하도 많이 당하니까 이모도 단수가 늘었던 것 같아(나를 박해했던 많은 한국 남자들 덕분이지). 나는 그 남자에게 아주 상냥하게, 아니, 거의 고혹적으로 웃으면서 되물었어.

"저와 결혼하고 싶으세요?"

그는 분노로 얼굴이 빨개지면서 큰 소리로 대답했지.

"No!"

나는 더 상냥하게 웃으면서 말했지.

"정말 다행이네요. 당신은 내 타입이 아니에요. 이렇게 우리는 서로를 원하지 않으니 세계 평화에 기여한 셈이군요."

이런 대화가 오가자 장내는 폭소의 도가니가 되어버렸지. 나는 사람들의 웃음이 멎을 때를 기다려 정색을 하고 그 남자에게 말했어.

"당신이 나와 결혼하고 싶지 않다면 왜 내게 결혼했나 안 했나 물으시는 거죠? 당신은 내가 남자 학자였다면 감히 이런 질문을 못 했을 거예요. 저는 당신이 한 행동이 여성에 대한 폭력이라고 생각합니다."


리나야,

이렇게 사회가 정해준 금기의 선 밖으로 나간 사람은 박해받고 처벌받게 되어 있어. 특히 그 사람이 여성이었을 때는 더 심한 처벌을 받게 되지. 그러나 이럴 때 겁먹고 물러서면 안 돼. 우리가 겁에 질려 물러서면 세상이 바뀌지 않고, 권력자들은 자신들의 권력을 이용해 계속 힘없는 사람들을 착취하고 괴롭힐 테니까. 생각해봐. 해리엇 터브맨이 노예들을 해방하기 위한 생명선을 만들지 않았다면, 로자 파크스가 남부의 흑백 선을 안 지키고 버스의 앞자리에 앉지 않았다면, 한국의 학생들과 노동자들이 긴급조치 유신헌법을 파기하지 않았다면, 종군위안부 할머니들이 침묵을 깨고 일본의 만행을 폭로하지 않았다면 세상이 바뀌었겠니? 많은 억압적인 금기와 침묵은 깨져야 해.

그래서 이모는 신학적 작업에 있어서도 전통적으로 전해 내려온 학문적 금기를 깨뜨리려고 많이 노력했어. 그래서 1991년 호주 캔버라에서 열렸던 세계교회협의회 WCC 세계대회에서 주제강연을 할 때도 원주민 무용수와 록 뮤지션, 한국의 젊은 무용수 들과 함께 신학의 장르를 바꿔보려고 했지. 한국 보수신학계에서는 "어물전 망신은 꼴뚜기가 시킨다"면서 이모를 비난했어. 또 어떤 근본주의자는 '무당의 딸은 무당에게로, 교회는 교회에게'라는 제목의 팸플릿을 교회마다 돌리며 구약성서에서 하느님이 무당을 잡아 죽이라고 했다면서 이모를 협박했지.

신학은 자기 민족의 원초적 영성, 문화, 종교와 만나야 살아 있고 힘 있는 신학이 된다는 이모의 주장은 그때나 지금이나 변화가 없어. 그래서 그때도 우리 고유 개념인 '기'와 성령을, 전통제례인 무속의 '초혼제'와 기독교의 제례를 연결시키려 했던 거야. 이모는 지금도 세상을 바꾸는 사회운동, 환경운동, 여성운동 들을 예술과 토속적인 영성이라는 매체로 기독교 신학과 연결시키려 시도하고 있어. 이제는 인간과 세상을 바꾸고 하느님을 보여주는 신학을 하고 싶지, 계속 설명만 하는 신학을 하고 싶지는 않거든.

이모는 부활한 여성의 교회를 만들고 싶어. 세상에 치여서, 이 가부장제에 치여서 병들다 죽음까지 이르렀던 여성들이 그 억압과 금기를 깨고 다시 부활하는 교회 말이야. 그 교회의 새 교우 환영식은 이렇게 하고 싶어. 먼저 목사가 새 교우가 오면 사과를 하나 주고 깨물어 먹게 하는 거야. 그리고 새 교우에게 최근에 깬 억압적 금기가 무엇인지 물어보는 거지. 그러면 그는 자신이 최근에 깬 억압적 금기에 대해 전 교인들에게 고백하는 거야. 신앙고백이 끝나면 목사와 전 교인이 "아멘!" 하면서 다 같이 자기 앞에 놓인 사과를 깨물어 먹어. '죄인'으로 몰렸던 우리의 어머니 '하와'를 기억하면서.

어떤 여성신학자들은 하와가 선악과를 따먹는 그 순간부터 인간은 파라다이스에서 철없이 사는 어린아이 같은 인간에서 자기 인생에 책임을 지는 역사적 인간으로 변화했다고 주장해. 신의 금기에까지 도전해보는 그러한 용기 없이는 주체적 인간은 탄생할 수 없다는 거지. 그러나 금기를 깰 때 정말 주의해야 할 점이 있어. 금기를 깨려는 동기가 명확해야 한다는 거야. 특히 젊은 여성들이 억압을 많이 받은, 혹은 부서진 상황 속에서 이름 붙일 수 없는 자기 분노, 자기 증오 때문에 '될 대로 되라!', '너 맛 좀 봐라' 하는 의도로 맹목적으로 반항해서는 금기를 깰 수 없어. 이러다 보면 자기가 부서져 나가게 돼. 금기를 깨기로 마음먹었을 때는 동기를 잘 들여다봐야 해. 그리고 확신이 들면 철저하게 준비해서 금기를 깨야 해. 이럴 때는 금기를 깨려 하는 자신을 자신의 친딸처럼, 가장 사랑하는 막냇동생처럼 보면서 그 딸, 그 동생의 앞날을 조심스럽게 챙겨주는 마음으로 금기를 깨는 자신을 챙겨주어야 해. 그런 태도로 임하면 '홧김에' 함부로 행동하는 것을 막을 수 있어.

리나, 이제 이모가 금기를 깨는 데 도움이 되는 방법들을 하나하나 너에게 가르쳐줄게.

### 깊이 듣기

우선 네 내면의 소리를 아주 깊이 듣는 데서 금기를 깨는 첫 작업이 시작된단다. 네가 무언가를 때려 부수고 싶다면, 그것이 너를 분노하게 만들고, 정신이상자처럼 만들려고 한다면, 그 소리에 깊이 귀 기울여봐. 모든 분노, 모든 반항에는 이유가 있어. 명심해. '이유 없는 반항'이란 없어.

### 분석하기

미셸 푸코라는 프랑스의 철학자는 이런 말을 했어. 모든 '진리'는 이미 누군가에 의해 선택된 진리라고 말이야. 그래서 우리에겐 어떤 것이 우리의 뜻에 반해서 '진리'라고 제시될 때 그것에 대해 질문할 권리가 있어. '진리'는 누구에 의해, 왜 규정되었을까? 그리고 '진리'라고 규정된 사실은 누구에 의해, 왜, 어떻게 전수되었을까? 이러한 '진리' 때문에 이익을 보는 자는 누구이고, 손해를 보는 자는 누구일까? 이런 식의 질문을 해보는 거지.

해방신학에는 '의심의 해석학Hermeneutics of Suspicion'이라는 말이 있어. 그것은 어떤 사실이 우리에게 '진리'라고 제시될 때 우선 의심의 눈으로 그것을 보라는 말이야. 또 억눌린 자들의 '인식론적 특권'에 대해서도 이야기하지. 이 말을 쉽게 풀자면, 가해자는 많은 경우 자기가 무엇을 잘못했는지 잘 모르거나 쉽게 잊어버리지만, 피해자는 자기가 무엇을 부당하게 당했는지 너무나 분명히 알고 그것을 잊어버리기 어렵다는 뜻이야.

그래서 어떤 부당함이 우리 삶에 나타나면 정치, 경제, 문화, 종교, 심리적으로 왜 그런 일이 일어났는지 분석해야 해. 분석이 철저하고 정확할수록 우리는 확신을 가지고 금기를 깰 수 있어.

### 주문 외기

일단 금기를 깨기로 마음먹었으면 몸과 마음을 그 일에 집중해야 돼. 자신이 깨고 싶은 금기의 성격에 따라 거기에 걸맞은 주문을 만들어봐. 예를 들면 "나는 진실을 말한다", "나는 성희롱을 폭로한다", "나는 양심선언을 한다", "나는 ······ 할 수 있다" 등등. 그리고 그것이 너의 세포 속에 입력될 때까지 쉬지 말고 외는 거야. 그러다 보면 확신이 생기고 힘이 고일 거야.

### 자기최면

그리고 금기를 깨야 하는 그 순간이 오면 자기최면을 걸어야 해. 너를 아마존 여전사로 생각해도 좋고, 모든 악을 물리치는 무서운 칼리 여신으로 생각해도 좋아. 아니면 SF영화에서 본 우주인이라고 생각해도 좋지. 금기를 깨기 위해 가장 좋은 존재를 골라서 내가 그 존재라고 자기최면을 거는 거야. 그러면 두려움이 없어져.

### 작은 금기 깨기

금기 깨는 것도 급이 있어. 초급부터 시작하는 거야. 네가 깰 수 있는, 네가 감당할 수 있는 작은 금기부터 깨는 연습을 시작해봐.

예를 들어볼까? 이모는 이모 친구들과 영화 보러 가서, 흥행을 위해 여자를 구타하고 강간하는 장면을 많이 보여주는 영화가 있으면 친구들하고 영화에 대고 막 소리 질렀어. "여자 강간하지 맙시다!", "아, 거 여자 때리지 맙시다!" 하고 말이야. 한때 한국에 바보 여자를 윤간해서 죽이고는 그 여자를 미륵보살처럼 떠받들어대는 연극이 흥행했다며? 물론 저명한 남자 연출자가 만든 연극이지. 그럴 땐 그냥 분노를 삼키며 보고 있지 말고 뚜벅뚜벅 무대로 올라가서 "어, 아저씨들 아무리 연극이라도 이렇게 대놓고 여자 윤간하지 맙시다!" 하고 여자 배우의 손을 들어 일으킨다거나 뭐 좀 그렇게 해봐. 그런 일로 오래 징역 살진 않을 테니까 말이야. 그리고 요사이도 만원 지하철에서 여자 몸 더듬는 아저씨들이 많다며? 그럴 땐 가만있지 말고 코미디언처럼 코믹한 말투로 막 크게 소리 질러. "우아! 아저씨 오늘 기분 째지지? 내 보지 만져서. 우리 모두 아저씨 꺼 한번 만져볼까? 손 떼 빨리!" 이렇게 말이야.

### '금도깨비' 모임(금기를 도도하게 깨는 비위 좋은 여자들의 모임) 만들기

금기를 깰 때 혼자 깬다는 건 참 어려운 일이야. 이럴 때는 서포트 그룹을 만들어야 해. 혼자는 떨려도 여럿이 힘을 모으면 훨씬 쉬워지거든. 같은 뜻을 가진 여자 동지들을 모아봐. 뜻이 맞는 좋은 남자들이 가끔 들어올 수도 있겠지. 양념처럼 말이야. 그리고 단체행동을 벌여. 네가 혼자 총대를 멘다고 할지라도, 일을 벌이기 전에 여러 분야에서 너를 도와줄 사람들을 모아놓고 서포트를 약속받도록 해.

자, 이제 내가 금기를 깨고 싶을 때 듣는 음악, 영화, 책, 명상에 대해 알려줄게.

**음악**

김추자, 〈거짓말이야〉

이은미, 〈참을 만큼 참았어〉

마돈나, 〈Papa Don't Preach〉

**영화**

마를레인 고리스 감독, 〈안토니아스 라인〉

브라이언 깁슨 감독, 〈어제 오늘 그리고 내일〉(티나 터너의 일대기)

세카르 카푸르 감독, 〈엘리자베스〉

〈프리다 칼로〉(멕시코 영화)

줄리 대시 감독, 〈먼지의 딸들 Daughters of the Dust〉

**책**

필리스 체슬러, 『죽이고 싶은 여자가 되라』

홍신자, 『자유를 위한 변명』

클라리사 에스테스, 『늑대와 함께 달리는 여인들』

주디 시카고, 『탄생 프로젝트 The Birth Project』

**명상**

자신을 보호하는 '태극 명상'을 해봐. 이모가 한국에 있는 어떤 도인에게서 배운 거야. 우선 땅에 발을 굳건히 딛고 서서 단전호흡을 해. 무릎은 약간 굽히고 몸의 다른 부분은 수직으로 세워. 숨이 안정되면 두

팔을 우선 앞으로 펼쳐서 천천히 공중에 태극 모양을 그리는 거야. 그 태극 모양이 완성되어 너의 내면에 보이게 되면 그것을 앞뒤로, 양 옆으로, 머리 위로, 발밑으로 천천히 힘껏 밀어붙여. 네가 태극 에너지로 만들어진 상상 속의 에너지 장에 의해서 온전히 보호받을 수 있을 때까지 말이야.

이 명상을 전심전력으로 하다 보면 무언가 불가시적인 에너지 막이 너를 보호하는 느낌이 들기 시작할 거야. 이 보호막이 완전히 완성되었다고 느낄 때 금기를 깰 '적진'으로 들어가봐. 겁나는 게 없을 거야.

리나야,

요사이 이모가 존경하는 여자 중의 하나는 가수 마돈나야. 나는 마돈나가 기가 막히게 창조적으로 금기를 깨나가는 예술가 중 하나라고 생각해. 물론 너무 상업적이라는 비난도 많이 받지만, 그래도 나는 그녀가 대단한 창조력의 소유자라고 봐. 사람들이 그녀를 그렇게 비난하는데도 미국 종교학회나, 문화학회, 명문대학 등에서 마돈나를 연구하는 세미나들이 우후죽순처럼 일어나고 있어. 성 문제, 아이 문제, 결혼 문제 등의 사생활 문제로 기자들이 닦아세우며 질문하고 공격할 때 그녀의 대답은 딱 한 마디야. "So?" 그래서 어쨌다는 거냐 하는 대답이지. 나는 그녀의 대답이 정말 명답변이라고 생각해. 그게 네게 문제지, 내겐 문제가 아니라 말하는 것. 이모도 마돈나에게 그 당당한 태도를 배워야겠어. 우리도 이제 남들이 우리의 용감한 금기 깨는 행동에 대해 시비를 걸면 "So?" 하고 한마디로 대답하자꾸나.

# 6

## 여신은 신나게 논다

---

*Celebrate!*
*I Am a Woman Giving Birth to the Goddess.*

리나.

이모가 온 세상을 돌아다니며 배운 것 중에 신기한 것이 있었어. 그것은 가장 억눌린 사람들이 가장 근사한 축제를 벌인다는 것이었어. 한마디로 놀 줄 아는 거지. 이모가 미국에서 유학할 때 학생들 파티가 있으면 흑인 학생들이 나타나기 전까지는 파티 분위기가 뜨지 않았어. 그들이 나타나야 파티에 열기가 붙기 시작했지. 흑인들이 춤을 출 때 보면 그 춤이 마치 지상에서의 마지막 춤인 것처럼 온 정열을 바치는 게 느껴져. 다른 학생들도 그걸 보고 그들의 정열에 이끌려 같이 신나게 춤추기 시작해.

이모는 박사학위를 받고 세계를 다니며 강연을 했던 지난 10년간 여러 대륙에 갈 기회가 있었어. 그때 재미있는 것을 발견했어. 권력이 많고 부유한 사람일수록 남이 노는 걸 감상하고, 밑바닥에 있는 사람일수록 혼신을 다 바쳐 축제를 한다는 거였지. 아프리카 독립교회의 예배는 정신을 잃고 저세상으로 넘어갈 듯한 춤으로 가득했고, 남미의 원주민들도 온갖 색채로 가득한 기가 막힌 마을 축제들을 만들어냈어. 카리브 해의 여러 나라에서 만들어진 혼합 종교, 부두교, 산테리아의 제례에 참석해서 보면 록 콘서트보다 더 열광적이었어. 옆에 있던 내가 트랜스 상태에 들어갈 정도였으니까. 인도의 달리트Dalit(불가촉천민)가 벌이는 축제나 히말라야 산속의 작은 마을 축제도 마찬가지였어. 네팔 구룽 족의 장례식은 거의 20일이나 계속되는 축제였지. 그렇게 신나게 장례식을 하는 사람들은 처음 보았어.

내가 히말라야 산속에서 살았을 때 집주인 크리슈나 구룽 씨의 아버지와 어머니가 돌아가셨어. 그래서 그들의 장례식 축제를 처음부터 끝까지 관찰할 수 있는 기회가 있었단다. 구룽 씨의 어머니는 돌아가신 후 신부보다 더 아름답게 온갖 아름다운 꽃으로 단장하고, 화장하는 날까지 여왕처럼 의자에 앉아 계셨어. 물론 시체가 무너지지 않게 의자에 단단히, 꽃으로 가려 묶어놓았지. 마지막 가는 길에 꽃단장하고, 이 지구상에서 만난 모든 다정한 이들이 자기 앞에서 먹고 마시고 춤추고 노래하는 걸 보는 것은 즐거운 일일 거라는 생각이 들었어.

아마 삶의 고통 그 밑바닥까지 내려가본 사람들만이 축제가 주는 그 제한된 '이 세상에 없는 시간'을 마음 깊이 감사할 수 있는지도 몰라. 고된 삶의 무게를 내려놓고 원시의 인간으로 돌아가서 마음껏 즐거워하는 것. 그건 평소에 그런 풍성함과 즐거움을 누릴 수 없는 가난한 자들의 특권인 것 같아. 이모는 유럽이나 북미 백인들의 파티에 가면 항상 지루해서 하품이 나왔어. 노는 데, 춤추는 데, 노래하는 데도 너무 많은 규격과 질서가 있는 것 같아서 말이야. 그래서 아마 제3세계의 영성에 대해 연구하게 되었나 봐.

세상을 바꾸려는 혁명가들은 축제의 중요성을 이해했던 것 같아. 이모가 가보았던 세 곳의 혁명 국가―짐바브웨, 쿠바, 니카라과―에서 가장 인상에 남았던 것도 그들의 춤이었어.

짐바브웨는 처음 혁명 국가가 들어섰을 때, 그 축하식으로 자메이카의 레게 싱어 밥 말리를 초청해서 전 국민적 콘서트를 열었지. 재미있지 않아? 혁명정부의 최고 지도자까지 참석한 행사에서 온 국민이 밥 말리의 밴드에 맞춰 다 같이 춤을 춘 거야. 우리나라도 정부 행사를 이런 식으로 하면 국민의 삶이 더 즐거워질 텐데……. 그 혁명정부 수립식 콘서트가 비디오로 나와 있어. 꼭 한번 보렴.

니카라과나 쿠바도 마찬가지야. 혁명 직후에 니카라과에 가보니 혁명군들이 총을 메고 보초를 서면서 춤을 추고 있는 거야. 건들건들, 흔들흔들하며 보초를 서더구나. 가는 사람, 오는 사람에게 미소 지으면서 말이야. 쿠바는 혁명이 일어난 지 40년이 지난 지금까지 혁명 정신이 살아 있어. 재미있는 것은 거리의 카페에서 아직도 사람들이 〈사령관이여 영원하라Hasta Siempre Comandante〉라는 노래를 부르며 춤을 추던 장면이었지. 그래서 엠마 골드만 같은 페미니스트가 "내가 춤을 출 수 없는 혁명이라면, 나는 당신들의 혁명에 참여하지 않겠어." 하고 그 당시 유럽에서 일어나고 있던 남자들의 혁명을 비웃었던 모양이야.

이모가 아주 좋아했던 여성신학 동지인 선순화 목사는 암으로 40대 중반에 삶을 마치면서 우리에게 한마디 유언을 남겼어. "열심히 놀아라." 참 의미심장한 말인 것 같아.

후기 자본주의 문화를 살아가는 우리는 괜히 바쁘고, 괜히 쫓기고, 오만 것을 놓고 경쟁하도록 사회 전체에 의해 훈련받지. 이모가 한국에 돌아올 때마다 한국의 삶의 속도가 점점 빨라지는 것을 느껴. 내가 이화여대 있을 때의 동료들을 만나도 "정 선생, 당신 있을 때와는 학교가 너무 달라졌어. 우리 이제 당신 있을 때처럼 같이 만나서 놀 시간도 없어." 하고 말하지. 그 지구화, 세계화, 국제경쟁력이 도대체 뭐길래 우리는 이제 같이 만나 놀 시간도 없는 건지…….

이모가 처음 뉴욕으로 일하러 갔을 때, 학교에서 만나는 사람들 모두가 '도망자'들 같더구나. 만나서 차분히 눈을 마주치며 "안녕하세요."라고 할 시간도 없었어. 다들 다음 일을 향해 어딘가로 달려가고 있었고, 의미 없는 "How are you?"를 던지고는 그 대답을 듣기도 전에 "Bye." 하고 가버렸지. 처음엔 이모가 이상한 나라의 앨리스가 된 것만 같았어. 마치 '참여관찰'을 하는 인류학자처럼 바쁜 뉴욕 사람들을 바라보았지. 그리고 매일 집에 가서 인류학자처럼 관찰기록을 일기장에 썼어.

이 나라는 도망자의 나라다. 하기야 유럽에서 종교박해라는 이유로 종교의 자유를 찾아서 이민 온 사람들이 세운 나라이니 '도망자'라는 집단무의식이 있기도 하겠지. 그러나 진짜 이유는 대륙에서 잘 살고 있던 인디언 나라들을 파괴시키고, 이 땅을 '발견'했다고 큰소리치며 수많은 인디언들을 학살했다는 데에 있는 것 같다. 그런 만행을 저지르고 어디 정상인으로 살 수 있겠는가? 그 억울한 영혼들의 한 많은 울음소리에 매일 도망 다녀야 하겠지.

이모는 미국 자본주의 문화를 상징할 수 있는 것을 '카우보이, 변호사, 상담심리자'로 봐. 미국은 지금도 옛날 자기 선조들처럼 아무 땅에나 가서 금 긋고는 '내 땅', '내가 발견했어' 하고 다니는 것 같아. 카우보이들은 서부로, 서부로 소위 '개척정신Frontierism'을 지니고 개척하러 가면서 인디언들을 몰아내고 그들 땅을 자기 땅이라고 선언해버렸어. 그 과정이 어떤 것이었겠니? 총을 들고 가서 쏴 죽이고 독립선언을 한 거지. 아직까지 미국 사회에 팽배한 폭력의 뿌리는 그 선조들의 건국 양태에서 비롯되는 것 같아. 베이징 세계여성대회 때 샬럿 번치라는 미국 여성학자에게 미국의 고유 문화가 뭐냐고 물으니까 망설임 없이 '폭력 문화Culture of Violence'라고 대답했어. 미국이 세계 최강국이 된 데는 공짜로 빼앗은 넓고 넓은 인디언의 땅과 자원, 2백 년이나 계속 아프리카에서 사냥해온 많은 흑인 노예들의 무임 노동, 말도 안 되는 저임금으로 미국 전역에 철도를 놓아야 했던 중국인 부역 노동자들의 희생, 그다음에 몰려든 제3세계 이민자들의 값싼 노동력, 이런 것들이 배경이 되어주었지. 세계 제일의 자본주의 나라가 될 수 있는 자본의 축적은 그렇게 해서 가능했던 거야.

이처럼 미국은 씨족 문화, 부족 문화가 자연스럽게 성장해서 이루어진 나라가 아니고, 폭력에 의해 비정상적으로 만들어진, 생기지 말았어야 하는 나라이기 때문에 사람들끼리 문제가 생기면 카우보이 시대에는 총으로, 지금은 변호사의 법적 해석으로 일을 해결하는 것 같아. 그래서 미국에는 이런 말이 있어. "부인 없이는 살 수 있어도 변호사 없이는 못 산다." 변호사를 꼭 옆에 끼고 살아야 한다는구나. 누구에게, 언제 고소당할지 모르니까 말이지. 이것은 동양의 전통문화에서처럼 마을 문제에 대해 조언해줄 어른이 없는 문화라서 그런 것 같아. 미국에서는 어떤 분쟁이 일어나든 양보라는 것이 없어. 자기 고객의 욕심을 극대화시켜주는 변호사들 사이에서의 법적 타협만이 있을 뿐이지. 이러니 사람 사이가 삭막해질 수밖에 없지. 돈과 자원은 다른 나라에 비해 남아도니 거지가 되어도 가난한 나라 거지보다 물질적으로 잘 먹을 순 있지. 그러나 심정적으로는 많은 사람들이 '거지'처럼 결핍되어 사는 경우도 많다.

이렇게 끝없이 생산하고, 바쁘게 돌아가며, 인간적 접촉이 점점 줄어드는 나라에서 자기 문제를 마음 놓고 호소할 수 있는 상대는 돈을 받고 상담해주는 상담심리자지. 왜냐하면 다들 너무 바빠서 깊은 관심을 쏟아부으며 남의 이야기 들어줄 시간이 별로 없거든. 그래서 뉴욕에 살고 있는 많은 사람들, 특히 중산층들은 상담심리자를 두고 있어.
　이모가 처음 뉴욕에 갔을 때는 이 '도망자'들이 아주 이상해 보였어. 그런데 3년이 지난 어느 날, 나도 그들 중 한 사람이 되어 아주 바쁘게 돌아가고 있다는 걸 깨달았지. 일이 계속 쌓이는데 시간은 모자라고, 학생들은 선생의 시간을 '요구'하지. 내가 이화여대에서 가르칠 때의 한국 학생들처럼 선생의 조언을 고맙게 받는 게 아니라, '내가 너에게 등록금을 지불했으니까 시간을 내줄 의무가 있다'는 태도로 나오는 경우도 있어.
　이렇게 정신없이 바빠지는 사람들을 보며 이모는 히말라야로 가야겠다는 결심을 굳혔어. 그것도 아직 전기도 안 들어오는, 소위 문명의 혜택을 전혀 못 받는 오지의 산마을로 말이야. 인간이 어떻게 최소한의 자원을 가지고 느림의 문화를 살 수 있는지 문화의 원형을 찾아가 배우고 싶었어.

　이곳에 오니 정말 모든 것이 느려. 사람, 동물, 모두모두 느리게 살아가지. 개들이 짖지도 않아. 모든 속도가 거의 정지된 듯 느려지니까 많은 상념들, 몸의 에너지가 차분히 가라앉으면서 나 자신과 내 삶이 보여. 그리고 잔잔한 호수처럼 조용해진 그 마음의 표면 위로 세상과 역사가 보이고 말이야.

우리는 경마장의 말처럼 무조건 빨리 맴돌며 뛰고 있었던 것 같아. 어느 날 경마장에서 경주를 펼치던 말 한 마리가 갑자기 서서 유유히 풀을 뜯어 먹으면 어떻게 될까? 그 말은 회초리를 많이 맞고 구박을 받겠지. 그러고서도 계속해서 경마장 빨리 돌기를 하지 않으면 폐기처분을 당할 거야. 그렇다면 그 말은 불행해진 걸까? 말고기는 사람들이 잘 안 먹으니까 어느 시골의 농부에게 팔려 갈 확률이 크겠지. 농부를 도와 물건도 나르고, 가끔씩은 농부의 아이들을 태우고 벌판을 달리기도 할 거야. 신선한 공기와 넓은 벌판, 그리고 목적이 있는 가끔씩의 고된 일이 경마장보다는 말을 행복하게 할 것 같아.

이모는 이 히말라야 산동네에 와서 한 가지 결심을 했어. 이제는 내 영혼을 내어줄 정도로 바쁘게 살지는 않겠다고. 가능한 한 조용히 있는 시간, 노는 시간을 많이 가지고 꼭 해야만 하는 일을 한 가지씩만 하겠다고. 지금은 글 쓰는 것이 내 일이니까 글 쓰는 것만 하고, 뉴욕에 돌아가서는 가르치는 것이 내 직업이니까 가르치는 일에 집중하고, 방학 때는 제3세계 여성들과 세미나를 한다거나 신학적 작품과 공연을 만드는 데 혼신을 다하고……. 이런 식으로 그때그때 일을 한 가지씩만 하려고 해.

어떤 도인으로부터 삶의 단계는 '단순화'시키는 능력만큼 올라간다는 말을 들었어. 그래서 유대인에게 안식일이 있고, 기독교인에게 주일이 있는 것 같아. 이슬람교도들에게도 '라마단'이라는 한 달간이나 금식을 하는 절기가 있지. 이 모든 것이 '쉬어라!' 하는 신의 가르침을 존중하는 제도인 것 같아.

그래서 선순화 목사님도 돌아가시면서 우리에게 "열심히 놀아라." 하고 유언을 남기신 것이겠지. 학생들 가르치는 일, 논문 쓰는 일, 기독여민회 일, 여성신학계 일 등으로 정신없이 바쁘게 살다 돌아가신 분이야. 항상 피곤해하셨어. 유방암과 자궁암 수술을 받고는 항암제를 거부하면서 느린 삶을 살아보려고 본인이 노력을 많이 했지. 그런데 한국 사회가 그를 가만히 놔두지 않았고, 또 그분 역시 너무도 책임감이 강했던 사람이라 다시 바쁜 삶을 살게 되었어. 그러더니 몇 년 후 결국은 그렇게 가신 거야. 쫓기듯이 살아온 자신의 삶이 얼마나 한이 되었으면 우리에게 "열심히 놀아라."라는 유언을 남기셨겠니. 이모는 그 목사님이 돌아가신 이후로 스트레스에 쫓겨 일하다가도 그분이 생각나면 다 놓고 놀아버렸어.

많이 놀아야 상상력, 창조력이 생기는 것 같아. 기발한 생각은 거의 '빈 시간'에 일어나는 거야. 위대한 과학자들이 새로운 이론을 발견하는 시기를 보면, 열심히 연구하다가 그것을 놓고 샤워를 한다든가, 자전거를 탄다든가 하는 식의 다른 걸 할 때였어. 그래서 노는 것, 쉬는 것은 사람이 진짜 사람이 되는 데 있어서 필수과목인 것 같아.

'잘 노는 사람이 일도 잘한다'라는 말이 있지. 그 말이 정말 맞아. 이모는 거기에서 한 발 더 나아가 '잘 노는 사람이 좋은 사람이다', '잘 노는 사람이 신에 가까이 갈 수 있는 사람이다'라고 말하고 싶어. 잘 놀 수 있다는 것은 자기 자신을 내려놓을 수 있는 사람이라는 거지. 자기를 왕자님이나 임금님, 아니면 나르키소스 같은 특별한 인간이라고 생각하는 사람들은 자신의 모자람에 대해 웃고 넘어갈 수가 없어. 춤이나 노래를 전혀 못 하는 사람, 남과 어울려서 놀지 못하는 사람은 대개 정신과 몸이 굳었거나, 아니면 완벽주의자, 나르시시스트여서 자기 긴장을 풀지 않는 사람들이지. 이런 사람들일수록 아집이 강하고 남을 무시하거나 우습게 보는 경향이 많은 것 같아.

정말 편안하게 같이 일할 수 있는 사람은, 스스로를 존중하지만 자신의 실수나 약점도 투명하게 드러내놓고 다른 사람들과 함께 웃어넘길 수 있는 사람이야. 그래서 유머가 있는 사람이 여유 있고 인간적인 사람인 경우가 많지. 유머가 있다는 것은 자기를 너무 특별한 존재로 여기지 않는다는 표시지. 그러니 리나도 유머를 개발하도록 노력해봐. 유머러스한 사람 하나가 그룹에 들어오면 전체의 분위기가 밝아져. 이모도 옛날에는 심각한 예술영화만 보았는데 요새는 재미있는 코미디를 많이 봐. 한참 배꼽을 잡고 몇 시간 웃고 나면 세상의 무거웠던 근심들이 한결 가벼워지는 것 같거든.

그래서 미국에서는 '웃음 치료Laughing Therapy'라는 것도 나왔어. 어느 미국 의사는 불치병에 걸려 시달리다 매일 코미디 비디오를 빌려 보면서 하도 웃어댔더니 그 병이 나아버렸다고 주장을 했는데, 그의 책이 「뉴욕 타임스」 베스트셀러가 되기도 했지. 그리고 이모가 인도 푸나의 라즈니시 명상원에 가보았더니 '웃음 명상'이라는 게 있더구나. 그냥 끊임없이 몇 시간을 웃는 거야. 바보 같은 짓으로 들리지? 그런데 이러다 보면 자기도 모르게 몸의 에너지가 바뀌고 가벼워져.

그러니 리나, 자꾸 재미있는 놀 거리를 만들어 크게 웃어대봐. 많이 웃는 만큼(미소 말고 폭소) 큰사람이 될 거야. 잘 노는 것도 큰 실력이야. 다른 일만큼 열심히 노력하고 개발해야 얻어지는 거지. 공부하는 만큼 노는 데도 노력해서 여러 가지 신나게 노는 방법을 찾아가도록 해.

미국의 여성학자 필리스 체슬러는 『죽이고 싶은 여자가 되라』라는 책에서 이렇게 말해. 여자아이들을 아주 어릴 때부터 집단 스포츠에 참여시켜 그것을 통해 인생을 사는 법을 터득하게 하라고. 집단 스포츠는 강한 체력을 길러주어 여성이 다른 분야에서도 자신감을 갖게 할 뿐 아니라, 삶이라는 게임에서 승리할 수 있는 방법을 가르쳐준다는 거야. 그녀의 통찰력이 너무 뛰어나서 너에게 그대로 알려주고 싶어.

집단 스포츠를 하며 배우는 점

- 첫째, 공을 다룰 때 단순히 남의 시선을 끌기 위해서가 아니라 어떻게 하면 공 자체를 잘 다룰 수 있나 배운다.
- 둘째, 공격과 방어를 동시에 할 수 있는 강한 육체를 경험한다.
- 셋째, 공동의 목표를 달성하기 위한 팀워크 훈련을 한다.
- 넷째, 선수들 개개인의 욕구를 부정하지 않으면서 그 욕구를 전체 팀의 욕구로 만들어가는 법을 배운다.
- 다섯째, 소외된 개인 자아가 아니라 자아보다 훨씬 큰 어떤 것의 일부가 됨을 배운다.
- 여섯째, 성적인 결합을 통하지 않고도 우리를 갈라놓는 일상의 장벽에서 해방되어 땀에 젖은 다른 신체들과 부대끼며 즐기는 법을 배운다.
- 일곱째, 잘 보이기 위해서가 아니라, 뭔가를 하기 위해 자신의 육체를 즐기는 법을 배운다.

— 필리스 체슬러, 『죽이고 싶은 여자가 되라』 중에서

필리스 체슬러에 의하면 남자아이들은 집단 스포츠 훈련을 받으며 자라나기 때문에, 전쟁을 했다가도 다시 동료가 되어 친하게 지내면서 자신들의 권력을 쉽게 유지해간다는 거야. 리나도 대학에 가면 여자 축구팀이나 조정팀, 아니면 야구단에 들어가보도록 해. 놀이를 통해 몸도 마음도 튼튼해지고 멋진 스포츠우먼십(여자가 갖는 스포츠맨십)을 배우면 인

생이라는 게임을 신나게 이겨가며 즐기게 될 거야.

　마지막으로 '잘 노는 사람이 신에 가까이 갈 수 있는 사람이다'라는 이모의 신념에 대해 설명해줄게.
　이모가 존경하는 남미의 신학자이자 신부인 디에고 이라라자발Diego Irarrazaval은 페루의 안데스 산맥 속에서 원주민들과 20년 가까이 살면서 신학적인 명상을 쓰셨어. 그분 말이, 원주민들과 한몸이 되어 살다보니 자신이 신학교에서 배운 신학 이론이 그들의 삶에 잘 맞아 들어가지 않는 것을 발견하게 되었대. 인간이 하느님을 어떻게 알 수 있나 하는 '신 인식론' 문제의 답은, 자신이 학교에서 배운 것에 의하면, 인간의 이성이 난파한 그 자리에 신앙이 자리 잡으면서 신앙을 통해 하느님을 만나는 과정, 즉 이해를 구하는 신앙Faith Seeking Understanding이었지. 그런데 원주민들의 삶을 잘 들여다보니까 그들이 하느님을 아는 방법은 음악, 춤, 색, 음식 들이 어우러진 그들의 축제fiesta를 통해서였다는 거야. 그들이 축제를 할 때 온 마을이 가장 신에 가까워진 거지. 그들의 삶을 통해 이 신부님은 인생의 황혼기에 들어 신학적 회개를 하시게 되었대. 신에 가장 가까이 가서 하느님을 이해하는 방법은 '기쁨'과 '축제'라고 말이야. 그래서 그분은 '이해를 구하는 기쁨Joy Seeking Understanding', '이해를 구하는 축제Celebration Seeking Understanding'라는 신학적 언어를 새로운 신 인식론의 답으로 삼으셨지.

그분의 말을 듣다 보니, '신난다'라는 한국어 단어가 떠올랐어. 이모는 '신난다'라는 말을 들을 때마다 신이 태어나는 장면을 연상하게 돼. '신神이 태어난다', '신이 나온다', '신을 낳는다'에서 '신난다'라는 말이 나온 것 같거든. 이것이 어원적으로 맞는지는 모르겠어. 그러나 내 존재가 '신난다'라는 말은 신이 태어나는 걸 이야기한다고 그냥 믿게 돼. 이모가 좋아하는 밥 말리나 티나 터너의 라이브 공연 실황을 보면 그들의 신나는 노래 속에서 신이 태어나는 게 느껴져. 그리고 어느 순간, 트랜스에 들어간 밥 말리나 티나 터너가 더 이상 인간이 아니라는 느낌이 들어. 그들은 인간의 한계를 벗고 신의 영역에 들어가서 노래하고 있는 것 같거든.

신나게 놀 줄 아는 사람들은 아무리 가혹한 가부장제, 식민주의, 제국주의, 독재 정권 속에서도 어떻게 인간성을 유지해갈 수 있는지 터득한 사람들이지. 그런 사람들은 어떤 억압 기제를 써서도 '노예화'할 수 없는 인간들이야. 축제를 할 수 있는 능력이 있는 한, 언젠가는 노예적 억압을 뚫고 저항하고 일어날 힘도 있는 거야. 그렇기 때문에 우리는 끊임없이 축제를 벌이면서 신나게 놀아야 해. 마지막 해방의 그날까지 말이야.

리나, 이제 이모가 어떻게 하면 신나게 놀 줄 아는 사람이 되는지 그 방법을 가르쳐줄게.

### 재미있는 것 찾기

먼저, 네가 정신 나갈 만큼 재미있어 하는 게 뭔지 찾아봐. 그게 여성들과 같이 할 수 있는 집단 스포츠면 더욱 좋겠지. 열심히 하는 거야. 네가 점점 실력이 늘어서 그 놀이가 쉬워질수록 좋아하게 될 거야. 너의 일, 너의 전공과 상관이 없을수록 더욱 좋지. 아무리 재미있는 것도 전공이 되는 그날부터 일이 되니까 전공이 아닌 취미로 아주 잘하는 놀이를 발견해봐.

### 놀기 훈련

노는 것도 실력이야. 뭐든지 잘하려면 훈련이 필요해. 노래를 잘하고 싶으면 평소에 계속 노래를 부르고, 춤을 잘 추고 싶으면 평소에 계속 춤을 추고 살아. '평소 실력'이 중요해. 하지만 '놀기만' 하면 놀이가 더 이상 놀이가 아니고 일이 돼. 그렇기 때문에 열심히 일하는 사람이 또 열심히 노는 거야. 일과 놀이의 균형을 맞추는 것, 그것도 훈련이야.

### 노는 날 지정 준수

요즘에서야 이모가 겨우 실천하는 것 중에 하나가 노는 날 준수야. 전문 직장인이 되고 직책이 무거워질수록 퇴근 후에도, 주말에도 밀린 일을 하게 돼. 그러다 피곤하면 잠이나 자지. 그래서 이모는 일주일에 하루씩 노는 날을 정해서 그날은 아무리 일이 밀려도 밀린 일은 일하는 날에 하고 무조건 놀기로 했어. 노는 날에는 안식일처럼 달력에 빨간 칠을 해놓고 그냥 놀아. 박물관에 간다든가 탱고를 배우러 간다든가 아니면 공원을 산책한다든가 하지. 그리고 어린애처럼 안 하던 짓들도 해보고. 많은 상상력과 창조력이 이날 쏟아져 내리는 것 같아.

노는 날을 지키니까 오히려 일하는 날들이 훨씬 효율적으로 돌아가는 것처럼 생각돼. 한번 실험해봐.

### 여성들의 축제에 열심히 참석하기

여성끼리 노는 안전한 축제의 공간이 참 없지. 정말 있는 대로 우리 자신을 다 표현하고 다 쏟아부어도 되는 평안한 자리 말이야. 하지만 이제 그런 자리들이 한국에서도 서서히 생겨나고 있는 것 같아. 그런 곳에 열심히 참석해. 그래서 여성들이 서로를 믿고, 격려하고, 또 재미있게 지내는 공간을 넓혀가기 바라. 네 또래의 소녀들이 만들어낸 영등포의 '하자 센터'에서 하는 축제에 꼭 가보도록 하고, '월경페스티벌' 같은 데도 가보도록 하렴.

리나야, 이모가 너에게 '여신은 신나게 논다' 계명 준수에 도움이 될 만한 음악과 영화, 책과 명상을 소개할게.

**음악**

티나 터너, 〈리우데자네이루 라이브 콘서트〉 뮤직비디오
마돈나, 〈Like a Prayer〉 뮤직비디오
지현, 〈Masturbation〉

**영화**

프라티바 파마 감독, 〈팝의 여전사The Righteous Bebe〉(다큐멘터리)

**책**

멀리사 뱅크, 『더 걸스 가이드 투 헌팅 앤드 피싱The Girl's Guide to Hunting and Fishing』
귄터 아멘트, 『섹스북Das Sex Buch』
마거릿 애투드, 『윌더니스 팁스Wilderness Tips』
이브 엔슬러, 『버자이너 모놀로그』

**명상**

라즈니시나 가브리엘 로스의 춤 명상곡을 틀고, 그 리듬에 온몸을 맡기고 '춤 명상'을 해봐. '춤 명상'이 특별한 것은 아니야. 자신을 잊고 그 음악에 몸을 맡기고 몸이 가는 대로 따라가보는 거야.

그러다 보면 치유의 세계가 열릴 거야. 특히 몸과 마음이 굳어 자유

롭게 놀지 못하는 사람은 혼자 '춤 명상'을 시작하면서 몸과 마음을 이완시키는 것이 잘 놀기 위한 첫걸음인 것 같아.

리나, 이모의 전화 자동응답기에 있는 녹음 내용이 뭔지 아니?

"메시지를 남겨주십시오. 그리고 당신의 삶을 축하하십시오."
(Leave your message, and celebrate your life.)

이건 응답기 녹음이기도 하지만, 이모가 생각하기에 이 짧은 지구상의 인생 여행을 하면서 해야 할 일의 축약인 것 같아. 우리가 각자 이생에 온 이유, 그 메시지를 후세에게 남기고 즐겁게 삶을 축하하다 가는 것. 그것이 우리의 삶이 아닐까?

"리나, 삶을 축하해. 그리고 너의 여신을 태어나게 해봐."
(So Rina, celebrate! And give birth to your Goddess.)

# 7

## 여신은 제멋대로 산다

---※---

Walk in Beauty.
Live in Beauty.
Love in Beauty!

리나.

오늘은 이모가 리나가 들으면 제일 좋아할 여신의 계명에 대해 이야기해줄게. 그것은 '여신은 제멋대로 산다'라는 계명이지. 어때, 속이 후련해? 이모가 이화여대 교수로 있을 때 『신세대: 네 멋대로 해라』라는 책이 출판됐어. 젊은 신세대 학생들이 쓴 책이었지. 그 책을 보면서 정말 제목을 잘 지었다고 생각했어. 그건 신세대만의 삶의 모토가 아니야. 이모는 구세대든 앞으로 태어날 세대든 다 '제멋대로' 살아야 한다고 생각해.

한국같이 유교적 봉건주의가 아직도 팽배한 곳, 분단 문화 속에서 맹목적 복종 관계에 근거한 군사주의가 판을 치는 곳, 민주적 시민 정부가 걸음마 상태인 곳, 경제적 식민주의 속에서 서양을 따라가려고 허덕이는 곳, 여성을 아직 평등한 사회요원으로 존중할 줄 모르는 곳, 자연을 착취의 대상으로 보는 곳, 시민운동이 아직도 20세기의 '독재타도' 스타일에서 많이 벗어나지 못한 곳에서는 앞으로 한 1백 년간은 혼돈을 겪더라도 '제멋대로 사는' 사람들이 꽉 차야 진정한 사회문화 변화가 가능해질 거라고 생각해. 그렇게 한 1백 년간 제멋대로 사는 인간들이 우리 문화, 사회 전반을 휩쓸고 지나가면 우리의 억압적인 많은 구습들이 타파될지도 모르지.

이런 '네 멋대로 해라'라는 선언Manifesto이 나오기까지는 종교, 문화, 정치에서 '이 깃발만 쫓아라', '이것만이 진리이다', '이 종교에만 구원이 있다', '이 문화만이 선진 문화이다', '이 이데올로기만이 구원이다', '이 혁명만이 세상을 바꾼다'는 획일적인 사고에 근거한 세계사라는 배경이 있었지.

20세기까지 인류는 수많은 '거대 담론'에 끌려다니며 살아왔어. 그 거대 담론이라는 것들은 우리가 살아온 시스템 안에서 주로 기득권을 가진 자들에 의해 만들어지고 유지되어왔지. 그리고 그 획일적인 거대한 시스템에 적응을 잘 못하거나 반항하는 사람들은 '낙오자'나 '반역자'란 이름으로 처벌받아왔어. 그런데 점점 많은 사람들이 그 거대 담론의 진리가 자신들이 경험한 삶의 진실과 거리가 있다는 걸 깨닫게 된 거야. 뭔가 아닌 것 같은데 자꾸 진리라고 주입하고, 그 가르침을 들으면 머리가 아파오고 위장이 뒤틀리는데 그것을 따르라 하지. 지도자란 사람이 입을 열면 토할 것 같고 분노가 끓어오르는데 존경하라고 하고.

그래서 평범한 사람들의 몸과 감성의 진리가 전문가와 지도자들이 말하는 진리에 대해 반항을 일으킨 거야. 그러면서 이 획일적이고 주입적인, 위로부터 강요되는 진리들에 대해 예술에서, 학문에서, 사회운동에서 "싫어! 아니야! 못 따르겠어!" 하고 반항하기 시작했지. 많은 전위예술, '포스트모더니즘' 혹은 '포스트콜로니얼리즘' 그리고 여러 가지 다양한 형태의 시민운동들이 전 세계에서 우후죽순으로 일어났어. 이모는 이 과정이 '사상의 민주화', '생활의 민주화', '생명의 민주화'가 일어나는 전조라고 보고 싶어. 이제는 잘난, 그리고 영웅적인(주로 백인인) 한 남자의 깃발을 쫓아가면서 목숨을 바치는 그러한 '영웅시대'는 끝나간다는 이야기지. 이것은 대단히 고무적인 변화야.

이모가 보기엔 한국 386세대의 정치 활동, 사회 활동은 그들이 내걸고 있는 '진보성'에도 불구하고 그 진보의 내용과 스타일이 아직 너무나 '후지다'라는 생각이 많이 들어. 아직도 대통령, 장관, 국회의원, 또 뭐 좀 높은 자리 하나 해보려고 포석 깔고 줄 서는 것이 주 임무들 같아서 말이야. 물론 좀 더 진보적인 사람이 힘 있는 자리에 가는 것이 파시스트적인 사람이 가는 것보다야 훨씬 낫겠지. 그러나 그래도 운동권 세대는 그 정치·사회 철학이 지금의 386세대보다는 더 근원적으로 급진적이어야 할 것 같아. 미국 흑인 여성 시인 오드레 로드의 말대로 억압자의 도구로 억압자의 집을 무너뜨릴 수는 없는 거니까 You cannot destroy the master's house with the master's tools.

그래서 이모는 신세대, 297세대에게 희망을 걸고 싶어. 지금 20대이면서 90년대에 대학을 다니고 70년대 이후 태어난 사람들이나, 아니면 00세대(2000년대에 학교 다니는 사람들) 말이야. 대학을 안 다녔어도 좋아. 하여간 군사독재가 물러가는 시대에 자라난 사람들에게 기대해보는 거야. 이모가 가르친 학생들이 주로 90학번 이후의 학생들이었는데, 나는 그들과 감성이 잘 맞았어. 그들의 '가벼움'이 좋았어. 그 가벼움이 위험하기도 했지만 '찌들려 있는 무거움'보다는 훨씬 가능성이 많아 보였으니까. 이모의 제자들 중에 페미니스트로 커간 여학생들이 많았고, 그들이 고른 남자 파트너들도 내 시대의 남자들과 달리 열려 있고, 여자와 평등한 삶의 파트너가 되려고 노력하는 게 보였어. 그래서 나는 내 제자, 선희나 영란이의 남편들을 보면 하루 종일 기분이 좋아져. 그들의 태도, 기운을 대하면 '여성운동' 세대의 어머니들이 키운 아들들은 다르다는 느낌이 들지. 그리고 여성들이 고생하면서 외쳐왔던 일들, 법과 제도를 고쳐왔던 일들이 헛되지 않았다는 자부심도 들고 말이야.

이건 이모 세대 남자들 중에 페미니스트 남자가 없다는 이야기가 아니야. 간혹 노력하는 남자들도 있지. 그러나 많은 경우, 그들의 페미니즘은 머리 따로, 몸 따로, 감성 따로 움직여. 내가 신세대 페미니스트 남자에게서 보았던 '자연스러운', '통전integrity의', '몸에 묻은' 평등의 느낌이 없어. 그래서 이모 세대 페미니스트 남자들을 철석같이 믿었다가 그들에게 뒤에서 칼 맞은 여자들도 많지(이런 이유 때문에 이모가 지금 쓰는 책을 출판할 때 출판사에 특별한 요청을 하려고 해. 이모의 책을 담배 포장처럼 셀로판지로 싸고, 그 뒤에다 흡연 경고처럼 독서 경고를 하는 거야. 출판사에서 나의 제안을 받아줄지는 모르겠지만 말이야).

> 경고: 이 책의 내용은 30세 이상의 남자에게는 심신장애를 일으킬 수 있으니 30세 이상의 남자는 독서를 삼가주십시오.

그런데 사실은 '제멋대로' 사는 게 얼마나 어려운 일인지 몰라. 정말 제멋대로 살면서 다른 생명들에게 누를 안 끼치고, 조금이라도 기여를 하고 살 수 있는 사람은 도사급의 인간이야. 진짜 '자기 멋'이 뭔지 알아가는 것은 이모 세대의 보통 사람들에게는 거의 일생이 걸리는 과제였어. 너희 시대보다 억압이 훨씬 심한 시대였으니까 말이야. 종교개혁가 마틴 루서는 '하느님을 사랑하라. 그리고 네 멋대로 해라Love God, And do whatever you want', '과감하게 죄 지어라. 죄가 풍성한 곳에 은총도 풍성하다'라고 가르쳤지. '하느님을 사랑한다'는 대전제하에서만 인간이 멋대로 해도 괜찮다는 말이야. 좋은 말인 것 같아. 특정 종교에 귀의하지 않은 사람들은 '생명을 사랑하라. 그리고 네 멋대로 해라'로 이 말을 바꿔서 들어도 될 것 같아. 그러므로 우리의 '내 멋대로'의 삶은 방종이 아니라 큰 자유 속에서의 삶이지. 우리보다 더 큰 신, 생명, 우주와 주파수를 맞추면서 그 속에서 마음껏 자유를 누리는 것, 방향 있는 자유, 목적 있는 자유야.

　이렇게 살 수 있는 사람은 자기가 누군지 분명히 아는 자기 인식, 그것을 가장 자기답게 표현할 수 있는 독립성, 자신감, 용기, 실력, 그리고 영성이 있는 사람이야. 이런 사람들은 자기다움이 독특한 '스타일'로 표현되지. 우리는 그 표현 양식, 그 에너지, 그 오라Aura를 보고 "우와! 멋있다!" 하고 감탄하게 되는 것 같아. 나는 이런 사람들 속에서 자유와 생명력과 아름다움을 본단다. 그가 무슨 직업을 가졌고 어떤 지위를 가졌는지, 그런 것과는 관계없어. 농부든 청소부든 술집 아줌마든, '자기 멋'을 발견하고 체화해낸 사람들에게는 독특한 미학이 있어. 이 아름다움은 팽팽한 육체, 젊음의 생기 때문에 무조건 덕을 보는 젊은이의 아름다움과는 차이가 있어. 물론 젊은이들이 가지고 있는 공짜로 받은 아름다움도 귀한 거지. 하지만 삶의 모든 풍파를 겪어내고 그걸 잘 소화하고 승화시킨 사람이 만들어낸 그 아름다움의 채도와 빛깔은, 그리고 그 힘은 정말 '겁나는', '못 말리는' 아름다움이야.

　나는 60대, 70대, 80대 섹시한 할머니들을 보면 그 앞에 무릎 꿇고 엎드려 경배드리고 싶어. 그들이 가지고 있는 아름다움은 '여신급'의 아름다움이야. 불필요한 걸 다 털어버린, 미니멀리스트적인 아름다움이지. '고목나무에 핀 한 송이 흰 꽃'이라고 표현해야 할까? 그들 앞에 서면 그냥 마음이 시원해지지. 이러한 아름다움은 일생을 잘 닦아온 사람만 가질 수 있는 거야.

리나처럼 10대 후반의 젊은 여성은 이런 아름다움을 획득하기가 아주 어려울 거야. 이모가 리나 나이일 때도 그랬지만 자본주의 사회가 매일 대중매체를 통해 여성에게 강요하는 '아름다움'은 이런 것들과는 아주 다르니까 말이야. 우리 주변은 아직도 아름다움에 대한 '식민지적 강요'로 가득 차 있지. 여성잡지와 지하철역에 있는 대형 광고를 봐. 아직도 백인 여자가 미의 전형이라는 식민지 미학에서 벗어나지 못하고 있는 것 같아.

이모는 어렸을 때 아버지가 이모를 키워준 어머니, 즉 자기 부인에게 던지던 말이 지금도 생각나. "여자는 일본 여자가 나긋나긋하고 최고지." 이럴 때면 어머니는 화가 난 얼굴로 방을 나가곤 했지. 친척들이 못난이라고 부르던, 새까맣고 납작하게 생긴 이모 얼굴을 보고 매일 "어쩌면 이렇게 예쁠까?" 하고 격려해주던 나의 아버지도 자기 부인에게는 식민지 미학을 강요했던 것 같아.

이런 배경에서 보았을 때, 60년대 미국의 흑인 인권운동가들이 들고 나온 슬로건인 '검은 것은 아름답다 Black is beautiful'는 흑인들에게 정치적인 차원을 넘어서는 중요한 인권선언이었어. 흑인이 백인과의 관계에서 평등할 뿐 아니라, 흑인들 자신은 자신답게 아름답다는 주장이었지. 이 한마디가 2백 년 동안 노예로 짐승처럼 팔려 다니며, 자신감을 잃고 기죽어 살던 흑인들의 가슴에 불을 붙였어.

백인들은 온갖 과학적 이유들을 대며 흑인은 두뇌 용량이 적다, 미련

하다, 미개하다, 고릴라 같은 짐승에 더 가깝게 생겼다 주장했지. 이러한 주장들, 그리고 신의 뜻에 의해 흑인이 백인의 노예로 예정되어 있었다는 기독교의 신학적 예정론에 치여, 흑인들은 자신을 벌레만도 못한 인간으로 여기며 살았어.

그런데 마틴 루서 킹이나 맬컴 엑스, 앤절라 데이비스 같은 사람들이 나오면서 '검은 것은 아름답다'란 말을 흑인들의 영혼에 새겨 넣은 거야. 흑인들이 아무리 백인들과 같은 법적 평등을 얻었다한들 그 내면이 자기혐오, 자기멸시에 가득 차 있다면 여전히 노예의 삶이겠지. 가장 깊은, 그리고 오래 남는 노예제도와 식민지 제도는 밖에 있는 것이 아니라 피해자들의 내면에 자리 잡고 있으니까.

이모의 삶을 보아도 나의 아름다움을 찾는 데 30년도 더 걸린 것 같아. 이모는 얼굴이 둥글고, 코는 납작하고, 피부는 까매서 어릴 때부터 우리 친척들 사이에선 '못난이'로 불렸어. 나를 키워주신 어머니도 내 코가 너무 납작해 시집을 못 갈 우려가 있으니 화장실에 갈 때마다 코가 커지게 자꾸 잡아당기라고 하셨지. 그래서 어린 나는 화장실에서 나올 때마다 코주부 아저씨처럼 빨개진 코를 하고 나오곤 했어. 유치원 때도 〈백설공주〉 연극에서 시녀 12번이었지. 열두 시녀 중에 부채 들고 백설공주 따라가는 맨 마지막 시녀. 예쁜 애부터 공주, 시녀1, 시녀2⋯⋯ 이렇게 나갔던 것 같아.

어린 시절, 우리 아버지 말고는 나를 예쁘다고 말해준 사람이 한 명도 없었어. 그렇게 눈에 안 띄는 못난 애로 대학을 졸업했지. 얼굴을 재산으로 하는 직업은 아예 못 한다는 것을 어린 나이에 깨달아서 그랬는지는 몰라도 나는 공부를 열심히 했어. 내적인 미, '지성미'로 세상에 나가야 한다고 느꼈기 때문이지. 미모가 뛰어나지 않았기 때문에 더 진지한 사람이 될 기회가 주어졌던 것 같아.

그런데 살다 보니 이상한 일이 일어나더구나. 이모가 미국 유학을 간 날부터 가는 곳마다 듣는 말이 "너무 예쁘네요!"였어. 정말이지 내 과에 속하는 말이 아니었기 때문에 처음엔 미국인은 다 허풍쟁이라고 생각했지. 그런데 이 말이 유학 시절 내내 계속되는 거야. 그래도 그 말을 믿지는 않았어.

그러던 어느 날, 미국 최초로 생긴 여성신학 실험학교의 제1회 학생으로 일 년 동안 서로 다른 배경을 가진 열두 명의 여자들과 공부할 기회가 생겼지. 그곳에서 아주 치열하고 심각한 여성 해방 교육을 받았어. 그 학교에서는 공부의 가장 중요한 교과서가 우리 삶의 경험이라고 생각했기 때문에 항상 경험담을 나누면서 수업을 시작하곤 했지. 바로 이 실험학교에서 이모는 이론적인 페미니스트에서 실존적인 페미니스트로 다시 태어난 것 같아. 그 학교 수업 중에 '아름다움'에 대해서 토론하는 수업이 있었어. 그런데 수업을 듣는 모든 여자들이 모두 자신이 못생겼다고 생각하며 성장했다는 거야.

내게는 아주 놀라운 일이었어. 나는 자타가 공인하는 못생긴 애니까 그렇다고 하더라도, 거기 있는 학생 중에 내가 보기엔 예쁜 아이들도 많았거든. 신기하더구나. 어떻게 이 여자들이 다 자신이 못생겼다고 생각하며 자라났는지. 그러면서 우리에게 깨달음이 왔어. 우리 여성들은 동서양을 막론하고 세계 인구의 0.1퍼센트도 안 되는, 소위 말하는 완벽한 미모와 몸매를 가진 여성들의 이미지에 치여 자기비하를 하고 살아왔구나 하는. 그 수업이 끝난 후 텍사스에서 온 여학생이 나에게 다가왔어. 그리고 내게 이렇게 말했어.

"현경, 네가 얼마나 아름다운 여자인지 아니?"

나는 그가 갑작스레 던진 말에 당황해서 대충 얼버무리며 대답했지.

"우리 모두에게는 '내적인 미'가 숨어 있어."

그랬더니 그가 내 말을 금방 시정하는 거야.

"아니. 내적인 미뿐만이 아니야. 너는 외적으로도 아주 아름다운 여자야!"

그때가 내 삶의 '마술적인 순간'이었던 것 같아. 그 순간부터 내 안에서 나를 이해하는 데 변화가 생겼지.

그날 밤 집으로 돌아와서 옷을 다 벗고 전면 거울 앞에 섰어. 그리고 내 얼굴과 몸을 하나하나 열심히 들여다보았지. 25년이 넘는 세월 동안 못생겼다는 메시지를 주며 천대했던 내 얼굴과 몸에게 너무도 미안한 생각이 들었어. '도대체 누구를 기준으로 내가 못생겼다는 거야? 뭐 꼭 얼굴이 하얗고, 달걀형이고, 코가 오뚝하고, 눈에 쌍꺼풀이 있어야 미인이야? 그렇게 생긴 우리 학교의 백인 여자 친구들도 다 자기가 못생겼다고 생각하는데……. 나의 납작한 코, 쫙 찢어진 눈, 동글납작한 얼굴, 특징 있잖아? 한 번 보면 안 잊어버릴 얼굴이잖아?' 그리고 내 얼굴과 몸에 대해 마음 깊이, 정중히 사과를 했어.

다음 날 아침부터 나는 거울을 볼 때마다, 나 자신과의 짧은 질의응답 시간을 가졌지.

"현경, 너는 네가 아름다운 여자라는 거 아니?"

그러면 나는 나 자신에게 이렇게 대답했어.

"맞아. 나는 아름다운 여자야."

자기최면을 걸면서 자기긍정의 세계로 들어간 거지. 말이 씨가 되고, 생각이 씨가 된다더니 그날부터 이모는 아름다운 여자의 에너지를 알게 모르게 날리면서 세상을 살아가게 된 것 같아.

그 후 친구들, 동료들 사이에서 질투의 대상이 된 적도 많아. 친구들은 가끔 내게 "왜 남자들이 너만 좋아하니?" 하고 빈정거리기도 했고, 나를 잘 모르는 여자들은 내가 미인계를 써서 출세했다고 공연히 시비를 걸기도 했지. 그리고 급기야 나의 신학적 입장에 반대하는 남녀들은 내가 세상의 유명한 남자들과 잠자리를 같이해서 젊은 나이에 유명해졌다는 악성 루머를 만들어 퍼뜨리기도 했지.

이런 과정을 통해 이모는 두 가지를 배웠어. 악성 루머에 시달린다고 할지라도 자신을 아름답다고 긍정하고, 자신의 아름다움을 표현하면서 사는 삶이 못난이 의식에 빠져 사는 삶보다 훨씬 진화한 삶이라는 거야. 그리고 인간의 질투에 대해서 깊이 연구하게 되었지. 이모는 이제 '질투학 박사'를 받아도 될 정도야. 하도 많은 악성 루머에 시달리다 보니 루머를 만들어내는 그 마음에 대해서 연구하게 되더구나. 그 고약한 루머의 근원은 바로 '질투'였어.

'질투의 해부학Anatomy of Jealousy'을 연구한 학자들이 공통적으로 하는 말이 질투는 소외감, 결핍감, 그리고 비교하는 마음에서 비롯된다는 거야. 그것을 더 깊이 파고들어보면, 세상에는 모든 사람들이 사이 좋게 나누어 써도 될 만큼 자원, 자리, 권력 등이 풍부한 게 아니기 때문에 어떤 한 사람이 무엇을 가지거나 성취했다는 것은 바로 자기가 가질 것을 그 사람이 빼앗아 갔다는 것으로 해석된다는 말이지. 그러니까 질투는 바로 '가난의 세계관'에 근거한 거야.

그러면서 심리학자들은 질투하는 마음을 고치려면 우선 세계관부터 바꾸어야 한다고 해. '가난의 세계관'에서 '풍요의 세계관'으로 전향해야 한다는 거지. 다시 말해서 세상이 그렇게 가난하다고 생각하지 말라는 거야. 어떤 사람이 좋은 자리나 기회를 가지면 자기 것을 빼앗겼다고 생각하지 말고, 자신에게는 또 다른 방향으로부터 좋은 자리나 기회가 주어질 거라는 믿음을 가지라는 거야. 왜냐하면 이 세상은 모든 사람들이 건강하고 아름답게 자기표현을 할 수 있는 많은 자리와 기회로 가득 차 있기 때문이라는 거지. 즉, 풍요한 세계라는 거야. 현실적으로 그렇다기보다는, 그런 믿음을 가지고 적극적이고 긍정적으로 새로운 기회를 찾아가야지, 가난한 마음에 찌들어 살지 말라는 거야. 그러니 남이 잘되면 멋있게 축하해주고, 자기는 더 좋은 곳을 찾아가거나, 아니면 다른 기회가 열릴 것이라는 것을 믿고 기다려야 해. 그 잘된 사람을 자기 원수로 생각하며 그 사람을 끌어내리는 데 인생의 에너지를 낭비하지 말고.

사실 이모는 나 때문에 자기 앞길이 막혔고, 내가 기회를 빼앗아 갔기 때문에 자신에게 기회가 주어지지 않았다고 모함하고 끌어내리는 사람들을 보면, 사회운동, 학문을 하기 전에 먼저 정신과 상담부터 받으라고 하고 싶어. 그리고 나를 그렇게 '극화'해서 실물보다 큰 사람으로 만들지 말라고 부탁하고 싶어. 또 '세상은 넓고 할 일은 많다'는 것을 기억하라고 하고 싶단다.

리나, 절대 '질투'에 네 삶의 에너지를 뺏기지 마. 질투하는 사람처럼 멋없고, 초라하고, 밥맛없는 사람도 없는 거야. 그래도 질투가 일어나면 시간을 재서 1분만 질투해. 그리고 자신에게 이렇게 말해. "이제 나에게도 근사한 일이 생길 거야. 어쩌면 지금 이 사람에게 주어진 것보다 훨씬 멋있는 일이 내게 주어질 거야."라고. 네가 즐거워하고, 네가 잘하는 일을 계속해서 열심히 해. 눈과 귀, 마음을 다 열고 기회가 오가는 것을 관찰하면서 말이야.

그리고 너를 질투하고 깎아내리려는 사람들에게 너무 큰 힘과 관심을 쏟지 마. 모든 것은 에너지를 줄수록 더 커지는 것이니까. 미국 속담에 이런 말이 있어. '최고의 복수는 성공이다.' 이것이 무슨 말인가 하면 너를 깎아내리고 괴롭히는 사람들에게 에너지를 주며 싸우기보다는, 네가 네 분야에서 월등한 사람, 건강하고 행복한 사람이 되어 멋있게 사는 것이 최선의 복수라는 이야기야. 그러니 복수도 '스타일'을 가지고 멋있게 하는 여자가 되었으면 좋겠구나.

그리고 리나, 높은 자리에 올라가야만, 돈을 많이 벌고 유명해져야만 성공한 삶, 멋있는 삶을 사는 건 아니야. 세상이 뭐라 해도 자기 소신, 자기 꿈, 자기 기운을 좇아 사는 사람들이 정말 성공한 사람들이지. 이모가 가르친 컬럼비아 대학 학생들 중에 그 명문 대학을 졸업하고도 세상을 따라가지 않고 자신의 이상을 펼치고 사는 젊은이들이 있어. 그들은 공해 없는 집, 태양열로 자가발전을 하는 에코하우스 Eco-House를 짓는 게 꿈이야. 그래서 그런 집을 짓는 법을 배우며 숲에 들어가서 살지.

이모가 히말라야에서 만난 열일곱 살의 일본 소년 바쇼도 전 세계를 돌아다니면서 세상을 배우고 나서 대학에 가고 싶대. 그래서 평화운동을 하는 스님들을 따라 북을 치며 세계의 분쟁 지역을 다니고 있지. 또 이모가 오스트리아에서 영성 훈련을 지도할 때 만난 스위스의 젊은 농부는 에코페미니즘에 관한 책을 읽고 있다가 자기가 젖소들을 키워 파는 방법이 폭력적이라는 것을 깨달았대. 그래서 그날부터 젖소들을 초원에 풀어 방목을 했다는 거야. 그랬더니 더 큰 수입을 올리려는 옛날 고객들과 회사들이 화를 내며 '효율성'이 없다고 거래를 끊었대. 그래도 그는 전보다 돈은 훨씬 적게 벌지만 자유롭게 노니는 소를 볼 때마다 마음의 평화를 느낀다는구나.

리나야, 앞에서 본 것처럼 멋있게 살려면 독립성, 자신감, 실력, 영성이 구비돼야 해. 그리고 진짜 멋있는 사람은 혼자 멋있는 사람이 아니라 함께 멋있는 사람이야. 자기가 발견한 멋을 남과 같이 나눌 수 있는 사람이지. 멋과 아름다움은 나눌수록 더 빛이 나는 거야. 돈이 많은 사람이 부자가 아니라 많이 나눌 수 있는 사람이 진정한 부자지.

그런데 이 나눔은 네가 성인이 되어 성공한 사람이 되어야만 할 수 있는 일은 아니야. 지금 여기서, 네가 가진 작은 것으로부터 나누는 훈련을 시작하면 돼. 아직 네가 17세 학생이라 돈을 낼 수 없다면, 너의 시간, 너의 노동력, 너의 아름다운 미소, 너의 신선한 기운, 그리고 너의 끼와 깡을 나누어줄 수 있어. 그리고 돈 문제도 그래. 네가 월급 받는 나이까지 기다려서는 안 돼. 세상을 아끼는 마음을 작게라도 표현하면 되는 거야. 친구들이랑 영화관 한 번 안 가고 용돈을 절약하면 '풀꽃세상' 같은 좋은 환경단체에 1만 원 정도는 낼 수 있을 거야. 그 돈은 작은 것이 아니야. 1백만 명이 1만 원씩 낸다고 생각해봐. 좋은 시민 단체 하나를 꾸려갈 수 있어. 주는 것도 훈련이야.

그러니 너의 용돈의 10분의 1을 세상을 아름답게 만드는 데 지금부터라도 내도록 해. 그리고 나중에 직장인이 되어 월급을 받거나, 사업가가 되어 돈을 많이 벌거나 해도 항상 마음속으로 다짐해. 나의 수입의 10분의 1을, 아니 그것보다 더 많은 금액을 사회를 건강하게 만드는 일을 위해 쓰겠다고 말이야.

내 삶에서 경험했던 아름다운 나눔의 이야기들을 들려줄게. 우선 이모 친구인 헬렌 헌트의 이야기부터 할게. 헬렌은 미국의 석유왕, 텍사스의 헌트가에서 태어난 여성이야. 어머니가 소위 말하는 둘째 부인이었기 때문에, 본가의 오빠들과 약간 거리를 두고 자라났지. 그러다 재벌 아버지가 돌아가셨어. 오빠들은 여동생들이 충분히 재벌로 먹고 살 만한 돈을 은행에 넣어놓았지만, 그것을 쓰지 못하게 했어. 게다가 법적으로 평등한 액수도 아니었지. 그래서 둘째 부인에게서 난 세 딸들이 단결해서 오빠들을 고소했어. 결국엔 이겼단다.

그런 후에 그 돈을 가지고 '자매 재단Sister Fund'이라는 것을 만들어 더 평등하고 정의로운 사회를 만들기 위해 노력하는 모든 여성 집단들을 돕고 있어. 헬렌은 조지아 오키프가 살던 뉴멕시코의 애비큐라는 사막에 있는 큰 고성古城을 사서 수리했어. 방이 서른 개도 넘는 성이지. 그곳에 많은 여자들을 불러들여 쉬게 하고, 창조적 작업을 하게 했지. 그리고 그 동네에 사는 가난한 히스패닉 여자들과 도자기와 초를 만드는 사업을 시작했어. 가난에 허덕이던 유색인종 여성들을 사업가로 만들어준 거야. 자매 재단의 디렉터도 흑인 여성으로 뽑았어. 가장 억눌렸던 그룹의 여성들이 지도자가 되어야 자기 재단의 돈이 가장 필요한 곳으로 갈 수 있다는 신념 때문이었지. 헬렌은 우간다에서 정의로운 경제 구조를 만들기 위해 애쓰고 있는 나의 아프리카 친구에게도 단체 유지를 위한 돈을 지원해주었고, 내가 가르치는 가난한 학생들이 아프리카나 쿠바로 공부하러 갈 때도 도와주었어. 그렇게 돈이 많지만 헬렌은 그 부유층의 위선이 지겨워서 그런지 정말 아줌마처럼 하고 다녀. 그리고 주로 유색인종 여자들과 친하게 지내지. 자기 계급, 인종의 특권을 내려놓고, 그것을 여러 억눌린 여자들과 나누려는 아름다운 여성이야.

그리고 나눔의 이야기를 할 때 꼭 기억하고 싶은 이야기가 있는데, 이모의 죽은 친구에 대한 이야기란다. 이름은 이반. 에콰도르에서 온 30대 초반의 남자야. 이모가 하버드 대학에서 가르칠 때 남들이 밖에서 보는 것과 달리, 이모는 죽고 싶을 정도로 외롭고 괴로웠어. 잘 이루어지지 않는 이혼 과정이 나를 몹시도 힘들게 했어. 그때 너무 괴로워서 '케임브리지 젠 센터'라는 한국의 숭산 스님이 세우신 명상 센터에 매일 새벽 명상을 하러 갔지. 그때 이반은 초보자들에게 명상 안내를 하며 그 센터에서 살고 있었어. 낮에는 직장에서 엔지니어로 일하고, 새벽과 밤에는 젠 센터에 살면서 명상하러 온 사람을 도와주곤 했지.

그곳에 일 년간 다니면서 이반과 우정을 쌓게 되었어. 아니, 우정이라기보다 그가 매일 명상하러 와서 우는 나를 돌보아준 거지. 이반은 명상만 도와준 게 아니라, 내가 오랫동안 국제강연을 가면 우리 집의 화초들에 물을 주는 등 여러 가지로 내 미국 생활을 도와주었어. 외국에 한동안 나갔다가 돌아오면 꽃을 들고 공항에서 기다리고 있었지. 아파트에 돌아와서 보면 깨끗이 청소된 집에 꽃과 과일들이 놓여 있고, 냉장고에는 당장 필요한 물, 음식 재료들이 준비되어 있었어.

나는 그 당시 완전히 '동백 아줌마'였기 때문에 아무 데서나 계속 울어댔어. 남자하고 연애할 감정적 여유나 준비도 없었고. 이반은 내가 울 때면 가만히 옆에 앉아 있어주고, 내가 너무나 우울해하면 나를 데리고 보스턴 근처 숲과 바닷가로 드라이브를 나가주었어. 별이 빛나던 숲을 드라이브하다가 이반이 내게 해준 말이 있어.

현경,
별을 봐.
그들에게는 힘이 있어.
나무들을 봐.

그들에게는 힘이 있어.

너 자신을 봐.

너는 힘이 있어.

나는 너의 힘이 너를 치유할 걸 믿어.

그리고

네가 많은 사람들을

치유할 거라는 걸 믿어.

Hyun Kyung,

Look at the stars.

They have power.

Look at the trees.

They have power.

Look at you.

You have power.

I believe that

your power will heal you,

and

you will heal many people.

남미의 작은 나라 에콰도르에서 미국에 엔지니어로 일하러 온 이반은 형편이 넉넉하지 않았어. 그런 중에 이모에게 자기가 직접 그리고 쓴 작은 그림책들을 만들어주곤 했어. 이반의 이러한 무조건적 사랑에 의심을 품기 시작한 나는 이반에게 막 질문을 퍼부었지.

"이반, 너 도대체 나한테 뭘 원하는 거야? 왜 이렇게 잘해주는 거지? 나는 지금 너무 아프고 피곤해서 남자와 연애할 수 있는 상태가 전혀 아니야. 그런 마음 있으면 우리 집에 오지 마."

내가 이반에게 "뭘 원하는 거야?"라고 물으면 이반은 항상 웃으면서 "Nothing(아무것도 원하지 않아)!" 하고 대답했어. 그렇게 지내다 내가 한국으로 돌아오게 되어 우리는 아쉬워하며 헤어졌지. 그때 이반이 내게 이렇게 말했어.

"현경, 나는 마흔 살까지만 일하고, 그 후엔 그때까지 저축한 돈으로 에콰도르로 돌아가 바닷가에 집을 지을 거야. 절간처럼 아무것도 없는 빈 공간의 집. 그리고 거기에서 명상을 하며 살고 싶어. 그때 내가 너를 위해 하고 싶은 일이 있어. 네가 세계 어디에 있다 해도 항상 도망 와서 쉴 수 있는, 바다가 내다보이는 너의 방을 만들어줄게. 그러니 너는 힘들 때마다 너의 아름다운 2층 방으로 돌아오도록 해."

이반의 이 말은 무척 고맙게 들렸지. 그러나 젊은 날의 아름다운 꿈이라고 생각했어. 한국에 와서 생활이 바빠지면서 가끔씩 서로에게 그림엽서나 보내는 것이 고작이었지.

그러던 어느 날 한국의 유명한 무당을 찾아갈 일이 있었어. 그런데 그분이 갑자기 이반 이야기를 하면서 그와 결혼을 하라고 하는 거야. 너무나 맑고 아름다운 영혼이라고. 이 세상 남자가 아니라고. 그리고 그는 이 세상에 있을 필요가 없기 때문에 곧 죽을 거라고. 그러나 내가 그와 결혼을 해주면 나의 기운 때문에, 또 나를 돌보는 일 때문에 그의 생명이 연장될 거라고. 그러니 몸 보시를 하라고. 나는 그 말을 믿지 않았어. 더구나 나는 이반을 막냇동생처럼 여겼지, 파트너가 될 사람이라고는 한 번도 생각하지 않았거든. 그리고 결혼 같은 문제를 무당의 이야기를 듣고 결정할 수는 없다고 생각했지. 그때만 해도 이반과 계속 소식을 주고받고 있을 때였어.

어느 크리스마스 날 그가 아름다운 원주민 여성의 사진이 담긴 엽서를 보내왔어. 크리스마스 휴가차 에콰도르에 내려왔다고, 네가 자신의 엄마를 좋아할 거라고, 너무나 강하고 멋있는 여자라고. 아주 짧은 소식이 적혀 있었어.

그리고 한 달 후에 한 번도 본 적이 없는 이반의 어머니로부터 편지가 왔어. 이반이 크리스마스 휴가 때 갑작스러운 뇌출혈로 쓰러져 죽었다는 거야. 그러면서 이런 말을 편지에 쓰셨어.

> 이반이 크리스마스에 와서 너의 이야기를 즐겁게 많이 했지. 이반
> 이 죽고 나서 그 애의 일기장을 보니 너와 친하게 지냈던 그 시간들이

그 애 삶에서 가장 아름다운 시간이었던 것 같아. 내 아들의 짧은 삶에서 좋은 친구가 되어줘서 고마워. 그리고 이반이 자기가 모은 모든 돈을 아버지에게 드려서 집을 지을 땅을 샀어. 이반이 너의 방을 만들어준다고 약속했지? 우리가 이반을 생각하며 그 집을 지을게. 너는 이제 우리 가족이라고 생각돼. 언제든지 우리에게 와서 쉬다 가렴. 네가 그 바닷가 방에 있는 걸 보면 이반의 영혼이 기뻐할 거야.

이반의 어머니로부터

나는 그 편지를 받아 들고 울고 또 울었어. 나 때문에 이반이 죽은 것 같아서. 이반의 아무것도 바라지 않는 사랑을 알아보지도 못했던 나의 무지함에 가슴이 터져 나갈 것 같아서. 그리고 죽으면서까지도 약속을 지키는 그의 영혼을 받기에는 너무 부끄러운 나 자신 때문에. 이반이 죽은 지 7년이 지난 지금도 그는 나의 수호천사가 되어 나를 지켜주는 것 같아. 그 맑은 눈으로 나를 바라보며 "현경, 너는 힘이 있어, 넌 할 수 있어!" 하면서 말이야.

이 글을 네게 쓰고 있는 지금도 이모는 계속 울고 있지. 종이에 잉크가 다 번져나간다. 영혼으로부터 우러나오는 사랑을 주는 것보다 더 큰 나눔이 이 세상에 있을까? 우리, 가장 맑은 우리의 영혼을 세상과 한껏 나누는 아름다운 사람들이 되자.

리나, 이모가 너무 울어댔더니 머리가 아프다. 그래도 너에게 보내는 이 편지를 마무리 짓고, 신선한 호숫가에 나가 실컷 더 울어야겠다.

이제 어떻게 하면 '제멋대로' 살 수 있나, 그 구체적 방법들을 이야기해줄게.

### 기도와 명상

'제멋대로' 위험하게 맘껏 살려면 하느님 빽, 부처님 빽, 우주의 빽, 여신의 빽이 있어야 해. 조용하게 내면을 들여다보는 시간을 가지면서 진정한 '네 멋'이 무엇인가 찾아내길 바라.

### 부정적 에너지 청소하기

네 안에 부정적 에너지가 있다면 가능한 한 빨리 그것을 없애버려. 빡빡 때를 문지르며 목욕을 한다든가, 종이에 부정적인 기운에 대해 쓴 후 그것을 태워버린다든가, 아니면 엉킨 실타래를 가위로 싹둑싹둑 자른다든가, 다 좋은 방법들이지. 그리고 시계 반대 방향으로 돌면서 "꺼져, 꺼져, 없어져." 하는 것도 옛날부터 내려오는 마술적인 방법이야. 아니면 커피를 탈 때와 찌개를 저을 때 시계 반대 방향으로 저으면서 부정적인 에너지를 없애는 주문을 외워. "가라. 가라. 멀리 가라. 다시는, 다시는 오지 마라."

### 긍정적 에너지 채워 넣기

그런 후 네 안에 있는 긍정적 에너지를 증가시키려는 노력을 해야 해. 부정적 에너지를 다 청소해낸 진공상태에는 온갖 에너지가 다 들어올 수 있거든. 그래서 부정적 에너지를 청소한 후 빨리 긍정적 에너지를 채워 넣는 것이 중요해.

좋은 향을 피운다거나 촛불을 켜는 일, 맑은 물에 신선한 꽃을 띄워 놓는 일, 깨끗하고 생기 있는 음식을 먹는 일, 운동을 하는 일, 좋은 차를 마시는 일 등 다 좋아. 또 시계 방향으로 돌면서 "와라, 와, 좋은 기." 하며 주문을 외우는 것도 예로부터 내려오는 마술적 방법이지. 그리고 차나 죽을 만들 때 시계 방향으로 계속 저으면서 긍정적 에너지를 만들어내는 주문을 외워봐. "좋아. 좋아. 정말 좋아." 등등.

### 나눔 훈련

자꾸 주는 연습을 해봐. 거지에게도 주고, 지하철에서 할머니께 자리도 내드리고, 우울한 친구에게 꽃 한 송이를 주고, 감옥에 있는 사형수에게 위로의 편지를 한 장 보내고, 장애인을 도와주고, 좋은 일 하는 기관에 돈도 내고, 억울한 사람 하소연을 들어주고, 정의를 위한 데모에 나가서 구호를 외치고, 게이와 레즈비언 들의 권리를 옹호하기 위한 모임에도 나가보고, 길 잃은 강아지의 엄마가 되어주고, 맛있는 떡볶이를 만들어 실연당한 친구를 위로해주고, 아이들에게는 비눗방울을 날려주고……. 아, 그리고 '아름다운 재단'에서 일하고 있는 내 제자 영란이의 아이디어대로 자신의 '끼' 1퍼센트를 필요한 사람에게 나눠주는 것, 그것도 큰 공헌이지. 나눌 수 있는 것이 너무나 많아.

처음엔 하루에 한 가지씩, 그다음엔 세 가지씩, 그리고 네가 큰사람이 되면 무한대로 아름답게 나누는 삶을 살아보렴.

그럼 이제 '제멋대로' 사는 데 도움이 될 음악과 영화, 책과 명상을 알려줄게.

### 음악

마돈나, 〈High Flying, Adored〉(영화 〈에비타〉 OST 수록)

패티김, 〈꽃밭에서〉

돈 매클레인, 〈Vincent〉(빈센트 반 고흐를 소재로 한 노래)

스컹크 아난시, 〈100 Ways to Be a Good Girl〉

스위트 허니 인 더 록, 〈Listen to the Rhythm〉

### 영화

가브리엘 엑셀 감독, 〈바베트의 만찬〉

알폰소 아라우 감독, 〈달콤 쌉싸름한 초콜릿〉

앨런 파커 감독, 〈에비타〉

존 애브넛 감독, 〈프라이드 그린 토마토〉

알렉 커시시언 감독, 〈마돈나의 진실 혹은 대담〉(마돈나에 대한 다큐멘터리)

## 책

스타 호크, 『나선형 여행 Spiral Journey』

수전 그리핀, 『여성과 자연 Woman and Nature』

게르드 브란튼베르그, 『이갈리아의 딸들』

앨리스 워커, 『나의 익숙함의 신전 The Temple of My Familiar』

## 명상

'사랑과 친절'의 명상*

---

\* 4장의 〈명상〉(106쪽) 참고.

008

# 여신은 과감하게 살려내고
# 정의롭게 살림한다

---※---

She Touches. She Changes.
Everything She Touches Changes.

리나.

오늘은 이모가 네게 여신의 십계명 중 가장 비장한 계명을 전해야 할 것 같다. 살림이스트 여전사들이 목숨을 걸어야 하는 계명이지. 그것은 억울하게 죽임당한 모든 것을 살려내고 정의를 이루어 모든 사람이 사람답게 살 수 있는 세상, 자연이 자연답게 살 수 있는 세상을 만들기 위해 승리의 그날까지 투쟁한다는 내용이야.

'투쟁'이란 말이 너희 세대에게는 생경하고 구닥다리처럼 들릴 수도 있겠구나. 이모도 포스트모던 시대로 들어선 지금 이 21세기에 '투쟁'이란 말은 구시대의 유물 같다는 생각도 들어. 그런데 문제는 세상이 20세기에 비해 더 좋아지고 있는 게 아니라는 데 있단다. 그래서 우리가 생명을 죽이는 세력과 열심히 싸우지 않으면 조금이나마 남아 있는 인간성과 자연마저 없어질 수 있어.

인류를 걱정하는 세계의 많은 학자들은 21세기를 전망하며 세 가지를 우려하고 있어. 첫째는 지구화 과정에서 세상을 파괴시킬 정도로 치닫고 있는 초국적 자본주의의 문제, 둘째는 그것으로 인해 야기되는 지구의 죽음 문제, 그리고 셋째는 인류가 어떻게 '다름의 정치학'을 넘어 다름을 조화시켜 상생하는 평화를 이룰까 하는 문제. 이 세 가지는 지금 세계 어느 곳에서나 씨름을 하고 있는 문제야. 이모가 뉴욕의 그 미칠 것 같은 '빠름'을 피해 도망 온 이 히말라야의 산골 마을에서도 지금 똑같은 문제가 일어나고 있어.

얼마 전 산속에 있는 네팔의 마오이스트 게릴라들이 전 네팔을 향해 스트라이크를 벌였지. 전 국민에게 그날은 절대 차를 타지 말라고 했어. 자전거까지도. 누구든 차를 타고 가는 사람이 있으면 다 죽여버리겠다고 협박을 하면서 말이야. 이 그룹은 지금 있는 네팔의 왕정, 의회 체제, 자본주의 체제로는 가난한 사람들에게 전혀 희망을 줄 수 없다고 주장하면서 새로운 네팔을 세우려 하고 있지. 정부와 타협이 안 되면 폭력도 불사하겠다고 하면서. 그래서 전국이 하루 동안 완전히 마비되었지. 차를 타고 가다 게릴라들을 만나 차가 전소된 경우도 많았어. 이 산마을 청년들은 마오이스트들이 그러는 것이 잘하는 것이라고 했어. 마오이스트들의 말처럼, 이 타락한 네팔의 정치, 경제 제도 안에서 자기 같은 가난한 사람들은 어떠한 희망도 볼 수 없다고 했지.

어느 정치 평론가에 의하면 5, 6년 후에는 이곳에 시민전이 일어날 수도 있다고 하는구나. 그래서 돈이 좀 있는 사람들은 외국으로 이민 가려고 노력하고 있대. 정말 이곳의 젊은이들을 보면 안됐어. 가난해서 학교도 못 다니고, 그렇다고 변변한 직업이 있는 것도 아니어서 그냥 낮잠을 자거나 장기를 두거나 하면서 하루를 소일해. 그렇지 않으면 마을에 한 대밖에 없는 텔레비전 앞에 앉아, 여자는 완전히 성적 노리개로 전락하고, 남자는 '좆맨(그들이 보는 인도산 뮤직비디오가 남자 성기를 강조해서 이모가 만든 말이야)'으로 표현되는 신파조의 인도 영화들을 보고 있어. 그러다 어쩌다가 나 같은 여행객이 산마을에 오면 심부름, 빨래, 음식 등을 해주며 적은 돈을 받아서 삶을 꾸려가는 거야. 네팔 중학교 교사의 한 달 월급이 한국 돈 3, 4만 원쯤 된다니 이런 젊은이들이 심부름값으로 받는 돈은 우리에겐 말도 안 되는 적은 액수이지.

이 산마을에도 전기가 들어오고 여행객들이 드나들기 시작하면서 자본주의 문화 속으로 들어가고 있어. 남자들은 거의 다 청바지에 티셔츠를 입고 있지. 서양 자본주의의 생활양식들을 동경하면서 말이야. 그리고 이 마을의 호수는 60년대까지만 해도 마을의 식수로 쓰일 만큼 깨끗한 물이있대. 그런데 이제는 마을 사람들도 그 안에 들어가 수영을 하지 않아. 수영을 하고 나오면 몸이 가렵다는 거야. 기형의 물고기가 낚이기도 한다는구나. 관광사업이 발전하면서 히말라야 전역이 급속도로 오염되고 있어. 우리가 『오래된 미래』라는 책으로 알게 된 '라다크'라는 히말라야의 마을도 이제는 책에서 읽었던 것 같은 자족한 생태문화가 부서지고 공해와 자본주의적 삶의 양식에 찌들어가고 있대.

네팔은 종교 국가이면서 아직 종교 차이로 인한 분쟁이 일어나지 않고 있지만, 이웃나라 인도는 지구화 과정에서 삶이 어려워지면서 더 심각한 종교근본주의가 자리 잡고 있어. 이 종교근본주의는 '자민족 중심주의Communalism'라는 단체주의로 발전해 자기와 종교가 다른 사람들을 죽이고 사원을 파괴하는 등 종교전쟁들을 야기했지. 자신의 종교만 옳다는 종교근본주의는 지금 세계 여러 곳에서 공동체에 분열을 일으키고 있어. 우리가 서로의 '다름'을 인정하며 평화롭게 사는 방법을 체득하지 못한다면 곧 이 지구 문명은 폭파되어버리고 말 거야. 자본주의와 전쟁의 폭력이 지구 자체마저도 죽여버리고 말겠지.

이모가 세상을 다니며 강연하면, 지구의 여러 곳에서 젊은이들이 '희망 없음'을 호소해 오곤 해. 공부 열심히 해봤자 이 지구화 과정 속에서 안정된 직장을 찾기도 어렵고, 또 좋은 직장을 얻었다고 해도 그 끝없는 경쟁 속에서 자신들은 인간성을 잃게 될 거라는 거야. 거대한 지구화 과정을 정지시키기엔 자신들은 너무 미미하고 힘없는 존재들이기 때문에 그 시스템에 반항할 용기도 생기지 않는다는 거지.

그런 하소연을 들을 때마다 이모가 그들에게 하는 말이 있어. 지구화, 자본주의, 생태계 파괴, 그 어떤 것도 '신격화'시켜 '우상화'하지 말라는 거야. 그 모든 것이 인간들이 만들어낸 것이기 때문에 인간들이 고쳐나갈 수 있다는 신념을 가져야 해. 인간은 파괴할 힘도 있지만, 동시에 그것을 수정하고 치유할 힘도 안에 가지고 있어. 나의 작은 힘을 깨워내고, 그것을 강화시켜 다른 사람들의 작은 힘과 자꾸자꾸 연결시켜나갈 때, 정의롭고 아름다운 세상을 만들어갈 힘이 생기는 거야. 그것은 마치 가부장제라는 거대한 피라미드에 구멍을 만드는 작은 개미들의 노력과 같은 거지. 그 거대한 피라미드는 보기만 해도 우리의 기를 죽이지만 우리가 몇십 년에 걸쳐 아주 작은 구멍들을 만들어간다면 어느 날 그 많은 구멍들을 견디지 못해 피라미드는 무너지고 말 거야. 이모의 눈에는 벌써 그 무너진 피라미드 위로 꽃이 피어나는 것이 보여.

우리의 교육과 문화 제도는 주어진 체제에 잘 적응하는, 작게는 유능하고, 크게는 무능한 인간들을 만들어내는 것 같아. 우리가 잘못되어가는 체제에 온순하게 잘 적응할수록 지구의 죽음과 우리 자신의 죽음을 재촉하게 돼. 이모는 어떤 책을 읽다가 이런 구절을 발견했어.

어느 날 그들이 흑인 노예들을 잡으러 왔어. 나는 가만히 있었지. 왜냐하면 나는 흑인이 아니니까. 그다음에는 그들이 유대인들을 잡으러 왔어. 그때도 나는 가만히 있었어. 왜냐하면 나는 유대인이 아니니까. 그다음에는 그들이 공산주의자를 잡으러 왔지. 그때 역시 나는 가만히 있었지. 왜냐하면 나는 공산주의자가 아니니까. 그다음엔 그들이 또 동성애자들을 잡으러 왔어. 그때도 나는 가만히 있었지. 나는 동성애자가 아니니까. 마지막엔 그들이 나를 잡으러 왔어. 그때 나는 억울하게 잡혀 죽을 수밖에 없었어. 왜냐하면 나를 보호해줄 이웃들이 남아 있지 않았기 때문이지.

이것은 아주 의미심장한 고백이야. 내가 다른 사람들이 억울하게 당할 때 그들의 이웃이 되어 악의 세력으로부터 그들을 보호하고 도와주지 않는다면 언젠가 나 역시 그 악의 세력에 의해 죽임을 당한다는 이야기야.

그래서 흑인 여성 시인 오드레 로드는 "당신의 침묵은 절대로 당신을 보호하지 않는다Your silence will not protect you."라고 외쳤지. 우리가 얌전히 입을 다물고 진실을 말하지 않는다면, 결국은 우리도 보호받지 못할 거라는 거야. 이런 이야기들은 깊은 삶의 경험에서 나오는 고백들이야. 필리스 체슬러라는 백인 여성 학자도 젊은 여성들에게 주는 글에서 그런 고백을 했어. 세계 역사 속에서 어머니들은 딸들에게 예쁘고 착하고 단정해야 한다고 가르쳤고, 모든 여성들이 그렇게 되려고 무진 노력을 해왔지. 여기에 대해 체슬러 박사는 근본적인 질문을 제기해. 그렇게 예쁘고 착하고 단정한 여성들에게 어떤 일이 일어났는가? 그의 대답은 "성희롱의 대상이 되었다"는 거야. 참으로 맞는 말이야.

이모 세대의 여성들은 그런 대우를 극복하려고 공부를 열심히 했어. 그래서 박사도 되고, 교수도 되고, 의사도 되었지. 그런데 그렇게 공부 열심히 해서 어떤 일이 일어난 줄 아니? 남자의 사냥욕을 더욱더 자극하는 '성희롱의 대상'이 되었어. 물론 그런 부정의에 대응해 싸울 힘도 더 생겨났지만 말이야.

그렇기 때문에, 리나, 악의 세력이 판을 칠 때 우리는 침묵하면 안 돼. 젖 먹던 힘까지 다해서 그것과 싸워야 하는 거야.

우리의 침묵 때문에 너무나 많은 무고한 사람들이 살해당하고 상처받으며 사라져갔어. 중세 마녀사냥의 대상이 되었던 여성들, 전 세계의 원주민들, 흑인 노예들, 홀로코스트의 유대인들, 동성애자들, 정의를 위해 싸우던 사람들 등등. 다르다는 이유로, 힘을 가진 동질 그룹에 의해 박해당하고 죽어간 사람들이 인간 역사 속에는 쫙 깔려 있지. 우리나라 신여성 중 나혜석, 윤심덕, 일엽 스님 등이 생각나는구나. 또 자살한 전혜린, 자살인지 타살인지 모르게 죽어간, 우리나라의 최초의 여자 판사인 황윤석 판사, 분신자살하거나 정의를 위해 싸우다 사라져간 운동권 학생들과 노동자들, 칼 마르크스의 책을 읽었다는 이유로 재판도 못 받고 교수형으로 죽어간 나의 경기여고 시절 물리 선생님, 더 올라가면 가난을 못 이겨 세상을 바꾸겠다고 싸우다 죽어간 동학군들, 종군위안부로 끌려가 죽은 여성들, 징용 가서 죽은 젊은이들, 지리산에서 죽어간 빨치산들, 여수·순천 10·19 사건으로 죽어간 사람들, 제주 4·3 사건의 희생자들, 6·25 전쟁 때 죽은 많은 사람들, 5·18 민주화운동에서 죽어간 양민들……. 말할 수도 없이 많은 사람들이 그렇게 죽어갔지. 이들은 억울한 원혼이 되어 아직도 구천을 떠돌고 있는 것 같아.

전통적으로 우리나라에서 이들의 원한을 풀어주는 방법은 무속의 굿이었어. 떠도는 원혼을 불러내어 그들의 원한을 다 들어주고 풀어주는 방법이었지. 이건 너무도 중요한 과정이야. 억울한 사람이 당한 진실을 열심히 들어주는 것이야말로 치유의 시발점이거든. 그러나 아직도 무속은 사회적·제도적 한풀이의 차원으로 발전한 예보다는 개인적·심리적 한풀이로 남은 예가 더 많아.

이런 억울한 사람들의 소리를 듣고 그들의 한풀이를 개인적 차원을 넘어 사회적 차원으로 연결시키기 위해, 이모는 공부도 하고, 학생운동, 여성운동, 환경운동에 뛰어들기도 한 것 같아. 생각해봐, 리나. 한국 여성운동이 없었다면 '종군위안부' 할머니들의 억울함이 사회문제화되었을까? 여성학적 연구가 없었다면 중세의 마녀들이 경제적으로, 가족적으로 독립한 치유자들이었다는 것이 밝혀졌을까? 미국의 흑인 인권운동이 없었다면 흑인이 노예적 삶으로부터, 인종차별주의로부터 벗어날 수 있었을까? 성폭력상담소가 없었다면 근친상간, 성희롱 문제가 공개되었을까? 독재정권을 물리치려는 사람들의 의지가 없었다면 이한열, 박종철, 그 밖의 억울하게 죽어간 이들의 삶이 복권되었을까?

우리가 그들의 한을 풀어주려 용감하게 침묵을 깨고 잘못된 역사를 바로잡을 때, 죽임당했던 그들이 우리 역사 속에서, 우리 의식 속에서 부활하는 거야. 사회적인 면에서만이 아니야. 우리의 개인적인 삶에서도 마찬가지지. 강간당했다거나, 부정당한 대우를 받았다거나, 아니면 우리 스스로 저지른 부끄러운 일이 있다면 그것을 숨기는 것이 상책이 아니야. 숨기고 있으면 그 비밀이 안에서 곪아 터져서, 그 상처에서 나온 독이 우리를 정신이상자, 성격이상자로도 만들 수 있어. 그러니 그런 일이 일어나기 전에 그 비밀을 태양빛에 내놓고 치유받도록 해야만 해. '투명성', 이것은 치유의 근본이야.

이모도 20대와 30대 초반에는 그렇게 살지 못했던 거 같아. '똥이 무서워서 피하냐? 더러워서 피하지' 하며 자기 합리화를 하면서 부정의를 묵인하고 살았던 경우도 많았지. 특히 민주화운동을 한다는 사람들, 진보운동을 한다는 남자들이 나에게 말도 안 되는 행동을 했을 때 참아준 적이 많았어. 왜냐하면 그 남자의 비리를 공격하다가 진보운동에 혹시라도 누를 끼칠까 봐서……. 이건 여성운동권 내에서도 마찬가지였지. 어떤 여자가 자기 권력으로 다른 여성을 누를 때, 아니면 모함할 때 드러내놓고 대들면서 싸울 수 없었지. 그랬다가 남자들이 우리의 '자매애'를 비웃으며, "봐라. 여자들 모아놓으면 지들끼리 매일 찢고 싸운다. 역시 여자들은 소인들이라 큰일을 못 해." 할까 봐 말이야. 그런데 세월이 지나고 보니 이것은 큰 판단착오였어. 진보운동 하는 사람의 부정의도 부정의고, 여성운동 하는 여자들의 부정의도 부정의야. 그들의 이상을 봐서 그들의 실제 행동을 봐주다 보면 역사는 변하지 않아.

내가 어떤 진보적 남성의 비행에 대해 침묵하는 것을 보고, 내 제자가 신랄하게 비판한 적이 있어. "선생님, 왜 못된 짓 하는 남자를 보호하고 잘해주는 거예요?" 나는 이렇게 대답했지. "내가 학생운동 했다 해도 그들만큼 치열하게 못 했고, 그들이 고문당하고 감옥에 있었을 때 나는 유학하고 있었잖니. 그걸 생각하면 왠지 미안하고 옛날 의리를 지켜야 할 것 같아서." 그랬더니 제자가 펄펄 뛰며 나를 가르쳤지.

"선생님, 그 남자들이 독재정권에 의해 고문당하고 옥살이한 만큼 선생님도 가부장제에 의해 고문당하고 정신적 옥살이를 많이 했어요. 그 동안 너무나 많은 상처를 받아 울고 짜고, 몸과 마음이 상할 정도로 고민하고 고생하셨잖아요. 그리고 그 남자들은 지금은 민족영웅 되고, 세력 있는 정치인 되고, 혁명작가 되어서 거들먹거리며 다들 한자리씩 하고 있는데 뭐가 미안해요? 선생님 같은 페미니스트가 그런 남자들을 보호하면 어떻게 여성운동이 성공하겠어요?"

정말 이제는 나도 내 제자들에게 배워야 할 때가 온 것 같아. 그의 말이 맞아. 페미니스트들의 모토인 '개인적인 것이 정치적인 것이다'라는 말을 항상 기억하고 있어야 해. 우리가 체제 변화를 위해 운동한다고 바삐 뛰면서, 매일의 생활 속에서 일어나는 부정의를 '개인적'인 일이라고 무시해버리면 어떤 근본적인 변화도 일어날 수 없어. 광주에서 정부군이 시민들을 탱크로 미는 거나, 결혼 생활 안에서 남편이 부인을 강간하는 거나 억압의 구조는 똑같은 거야. 5·18 민주화운동은 '대의'

이고, 결혼 생활에서 억압당하는 부인의 저항은 '사생활'이라고 몰아붙여버릴 때, 우리는 진정한 의미의 진보, 혁명을 만들어갈 수 없어.

이모가 학생운동과 혁명의 이상에 취해 있던 20대에는 '개인적인 것이 정치적인 것이다'라는 모토를 모르고 있었어. 그래서 소위 말하는 '개인적' 사건과 '정치적' 사건 사이에 다리 놓을 수 있는 설명 체계를 가지고 있지 않았지. 그때 일어났던 아주 가슴 아픈, 소위 개인적인 일이 있었는데, 그 후 10년 정도가 지난 후에야 그 일이 바로 정치적인 일이라는 걸 깨닫게 되었단다. 리나, 앞날의 자유로운 삶을 위해 이모가 아픈 고백을 하나 할게.

이모가 20대 중반일 때, 중남미의 작은 나라 니카라과에서 민중혁명이 일어났지. 산디니스타Sandinista라고 하는 혁명군이 독재정권을 무너뜨린 거야. 전 세계가 이 민중혁명에 환호했어. 혁명 각료의 절반이 가톨릭 신부였던 혁명이었지. 세계는 위대한 민중의 힘에 찬사를 아끼지 않았어. 이때 이모는 클레어몬트 신학교라는 미국의 학교에서 유학을 시작했지. 당시에 혁명의 성공을 전 세계 사람들과 나누기 위한 국제평화대회가 열려서 우리 학교 학생들도 교수 몇 명과 함께 그 평화대회에 참석했어. 이모도 그 그룹에 끼게 되었지. 이모는 그때 암울한 한국의 독재정권의 억압에서 빠져나온 직후였고, 5·18 민주화운동의 참혹한 현장을 미국으로 새어 나온 자료들을 통해 알고 있었어. 한국의 민중들이 그렇게도 간절히 꿈꾸던 민중혁명이 이 나라에서 성공했다니 그 실체가 어떤 건지 꼭 보고 싶었지.

　내가 목격한 니카라과 혁명은 대단한 것이었어. 미국이 엄청난 무기와 돈을 들여 지원했던 군부독재 '소모사' 정권을, 찢어지게 가난한 이 나라의 민중들이 무너뜨린 거야. 이것은 몇십 년 동안 계속된 반독재 민중항쟁과 게릴라전에 의해 가능했지. 그리고 이 혁명의 특징은 많은 가톨릭 신부들과 개신교 목사들까지도 참여했다는 거야. 니카라과 인구의 95퍼센트 이상이 가톨릭교도, 개신교도 들이니 그리 특별할 것도 없겠지만, 한국에서 자란 이모에게는 신부님, 목사님 게릴라들을 본다는 것이 여간 신기한 일이 아니었어.

　혁명 당시의 그 눈물겹던 감격이 아직도 생생하단다. 혁명의 대축제에서 환호하는 가난한 민중들을 보았을 때, 이것이 바로 '하늘나라'가 아닌가 하는 생각이 들 정도였지. 그야말로 감격시대였어. 노동과 가난에 쪼그라든 시골 농부들이 자신들이 만들어낸 혁명으로 얼굴을 활짝 펴고 자신 있게 줄을 지어 마을 광장을 행진할 때, 'Nobody'에서 'Somebody'가 된 그들의 변신에 감동해 이모는 내내 눈물을 흘렸어. 산악 게릴라전에서 사지가 잘리고 몸통만 남은 17세 게릴라 소녀가 자기 사지보다 더 소중한 혁명에 대해 이야기할 때, 명상 수도원의 수도승이었던 신부님이 게릴라 신부가 될 때까지의 영적인 변화에 대해 이야기할 때, 자신을 고문한 소모사의 젊은 고문관을 '상담치료'를 받도록 심리치료사에게 보내주는 혁명 각료들의 너그러움을 접할 때, 건강한 젊은 여성 게릴라가 한 손으로 젖을 물린 아기를 안고 다른 손으로는 무거운 장총을 들고 행진할 때, 이모는 혁명 속에서 웃고 계신 하느님께 계속 감사의 기도를 올리곤 했지. 정말 이모의 삶에서 가장 행복하고 감격스러운 시간 중 하나였어.

혁명 후 니카라과에서는 일대 변화의 물결이 일어났단다. 소모사와 지배층이 쓰던 독점적인 골프장이 어린이 대공원이 되고, 국립 발레단이 시골에서 올라온 농부 악대의 음악에 맞춰 공연을 하고, 모든 어린이들에게 음식과 교육이 주어지고, 전 국민에게 의료와 집과 직업이 보장되었지.

그때 우리에게 혁명의 배경과 내용에 대해 가르쳐주던 니카라과의 '혁명 투사'가 한 분 계셨어. 평화대회에 참석했던 우리는 그분의 투철한 역사의식, 박학한 지식, 그리고 무엇보다 모진 고문과 투옥을 이겨낸 인간적인 힘, 카리스마에 매료되었지. 그분은 먼 나라 한국에서 온 학생운동 출신의 나에게 깊은 관심을 갖고 5·18 민주화운동, 한국의 반독재 투쟁, 반미 투쟁에 대해 시간 날 때마다 물어보곤 하셨어. 민중이 세상의 주인이 되는 새로운 신세계를 꿈꾸는 그분의 이상과 실천에 대해 나는 깊은 존경심을 가졌지. 여성운동에도 관심을 많이 보이면서 자신의 아내와 딸들에 대해서도 이야기해주었어. 아내가 혁명에 대해 쓴 여성 관련 자료들을 줄 테니 자신의 방으로 오라고 했지. 너무나 고마웠어. 혁명 직후의 평화대회 행사 때문에 굉장히 바쁠 텐데 틈을 내어 내게 필요한 자료까지 구해주다니 말이야. 그리고 그분이 보여준 혁명적 삶 때문에 나는 아무 의심도 없이 약속한 시간에 방으로 갔어. 그때 우리 팀은 유럽과 미국에서 온 다른 팀들과 함께 호텔에 묵고 있었는데 그분도 우리와 함께 그곳에 묵고 있었지.

내가 방문을 노크하자마자 그분이 반갑게 문을 열면서 들어오라고 했어. 나는 들어가서 이렇게 바쁜 일정 중에 나를 위해 시간과 정성을 내주셔서 감사하다고 진심으로 인사를 드렸어. 그분은 내게 자료들을 보여주었지. 나는 스페인어로 된 자료들을 더듬더듬 읽어 내려갔어.

그때 상상도 못 했던 일이 일어났어. 그 남자가 호텔 방문을 안에서 잠그고 나를 강간하기 시작한 거지. 나는 이리저리 피해보려고 안간힘을 다했지만 그 남자의 힘을 당할 수가 없었어. 소리를 지를까 하는 생각이 들었지. 그런데 그런 생각을 했을 때 이모 머릿속에서 들린 최초의 말은 이런 것이었어. "네가 지금 소리를 지르면 옆방에 있는 미국, 유럽 사람들이 달려와서 이 사건을 알게 되겠지. 그러면 그들이 니카라과 혁명은 가짜 혁명이라고 비웃을 거야. 어린 학생을 강간한 혁명가의 혁명이 무슨 혁명이냐고 하면서 말이야. 그러니까 이 남자가 아니라 미제국주의를 타도한 니카라과 혁명을 보호하기 위해 소리 지르면 안 돼."

천장은 끊임없이 돌고 있었고, 나는 구토증을 느꼈어. 그리고 머리는 깨질 듯이 아팠고 말이야. 그때 내 몸과 마음이 분리되는 것이 보였어. 나는 죽은 영혼처럼 천장 끝에 붙어서 강간하는 거대한 체구의 남자와 그 밑에서 소리도 못 지르고 죽을 듯 저항하는 조그만 여자를 보고 있었지. 마치 남의 일 보듯이 하면서 말이야.

그 남자는 강간이 끝나자 "나는 너무 기분 좋아. 너무 젊게 느껴져. 살아 있다고 느껴지고 말이야."를 연발하는 거야. 나는 분노와 수치감과 아픔에 몸을 떨며, 눈물을 쏟으면서 그의 방을 나왔어. 그리고 내 미국 친구들이 있던 방으로 돌아가지 못하고 호텔 정원의 한적한 곳을 찾아가 마구 울었지. 그 배신감은 이루 말할 수가 없었어. '혁명'의 기운에 취해 '상식'을 저버리고, 그 남자의 방에 내 발로 걸어 들어갔던 내가 바보 멍청이처럼 느껴졌어. 그에게 너무나 많은 존경심을 표했기 때문에 일어난 일이라고 나를 자책하기도 했어. 내가 그 남자에게 느끼는 분노는 살인적인 것이었어. 그러나 내가 잘못했기 때문이라는 생각도 그만큼 컸지. 나는 혼돈에 빠져 있었고, 그 경험을 정확하게 분석해낼 수 있는 이론적, 감정적 힘을 그때는 가지고 있지 않았어.

그래서 다음 날 그에게 직접 물어보기로 했어. 왜 당신 같은 혁명가가 딸 같은 여학생을 강간했느냐고. 그 남자는 미안한 기색이라고는 하나도 없이 내게 웃으면서 대답했지.

"Because you are incredibly sexy!"

(왜냐하면 네가 극도로 섹시하니까!)

그게 그 남자의 너무도 간단한 해명이었지. 너무 기가 막혀서 반응도 못 하고 멍하게 앉아 있는 내게 그는 부연설명을 했어.

"너 며칠 전에 내무부 장관 토마스 보르헤를 보러 간 일 기억나? 그 남자는 게릴라 혁명부대의 대장이었어. 그의 특징이 뭔 줄 알아? 어떤 상황에서도 영어를 한마디도 쓰지 않는다는 거야. 나는 그와 지내면서 그 사람이 영어 쓰는 것을 한 번도 본 적 없어. 그런데 그가 너에게 어떻게 했니? 그 자리에 있는 모든 사람들에게 한마디도 안 하고 무뚝뚝하게 악수만 하다가 네 차례가 오니까 양 볼에 키스했잖아. 그리고 한 번도 안 쓰던 영어로 네게 말했지. "You are so beautiful! Welcome to Nicaragua!" 너는 혁명가가 자기 신념을 깰 만큼 예쁘고 섹시해. 그러니 남자들이 네게 반하는 건 다 네 책임이야."

그러자 며칠 전의 일이 떠올랐어. 장관실을 나오자마자 내 미국 여자 친구들이 나를 스타 취급하면서 환호했던 일 말이지. "좋겠다. 혁명가에게 키스를 받다니! 왜 남자들은 너만 좋아하니? 우리 혁명 가이드 선생님도 매일 네 옆에만 앉으려 하고. 다른 혁명가들도 매일 너만 쳐다보고 이야기하고. 아, 질투나!" 나는 그들이 부러워하니까 어린 마음에 괜히 우쭐해지기도 했지. 그 훌륭한 혁명 전사들이 금발의 예쁜 미국 여자들에게 관심을 안 보이고 나에게 관심을 보였으니 말이야. 영어 못한다고 나를 우습게 보던 미국 애들에게 이 유명한 혁명가들의 '선택'으로 통쾌하게 복수한 것 같기도 했지. 그런데 이렇게 남자들에게 예쁘다고 '간택'되어서 무슨 일이 일어났니? 강간, 강간을 당해버린 거야.

그 남자의 설명을 듣고도 여전히 혼란스러웠고 그의 말에 동의할 수 없었어. 그래서 또 물었지.

"But, you are a revolutionary!"

(하지만 너는 혁명가잖아!)

"Yes, I am a revolutionary. My revolution includes sexual revolution."

(그래. 나는 혁명가다. 내 혁명은 성의 혁명도 포함하는 거야.)

나는 그 남자에게 울면서 소리 질렀어.

"But it is your sexual revolution, not my sexual revolution!"

(하지만 그건 너의 성 혁명이지 나의 성 혁명은 아니야!)

그랬더니 그 남자가 나를 달래면서 '혁명을 하겠다는 여자가 뭐 그렇게 성을 중요하게 여기느냐, 여자가 성적으로 해방되어야 남자의 지배에서 벗어날 수 있다, 여성에 대한 성 지배는 계급 지배의 근원이었다'라고 오만 가지 학설을 늘어놓았지.

그 후 이모는 이 일로 몇 년을 고민했어. 결혼한 지 얼마 안 되는 나의 남편에게도 이 일을 이야기할 수 없었어. 그가 내 아픈 이야기를 들어주고 동정하기보다는 '네가 도대체 어떻게 유혹했기에 그런 일이 생겼니?' 하면서 정조관념 없는 여자라고 나를 욕할 것 같아서 말이야. 그리고 끼 있는 여자라고 나를 욕할 것 같아서 학교에서도 침묵을 지켰지. 그러고는 이 기억이 너무나 아팠기 때문에 내 깊은 의식 속에 묻고는 잊어버렸어.

그러다 거의 20년이 지난 후 니카라과에서 온 여성학자와 어떤 여성대회에서 이야기할 기회가 생겼지. 그때 그는 내게 엄청난 이야기를 해주었어. 니카라과 혁명정부의 대통령이었던 다니엘 오르테가에게 딸이 있는데, 그 딸이 자기 아버지가 자기를 열한 살 때부터 거의 10년간 강간해왔다고 양심선언을 하고, 아버지를 법정에 고소해버렸다고. 오르테가는 혁명 당시 이혼을 하고 여성 변호사와 재혼을 했는데, 그녀는 그 변호사가 첫 결혼에서 낳아 데리고 들어온 딸이었지. 물론 오르테가는 극구 부인했지만 딸의 상담치료 문서들에 의해 딸의 말이 사실임이 밝혀졌어. 이 말을 들으면서 이모는 갑자기 모든 것이 분명해지는 것을 느꼈어. 내가 당한 20년 전의 강간과, 이 딸이 당한 강간과, 니카라과 혁명정부의 몰락이 다 같은 선상에 있는 일이라는 걸 알게 된 거야.

남성의 여성에 대한 억압과 폭력, 성희롱에 대한 극복을 혁명에 체화하지 않는 그런 혁명은 망할 수밖에 없어. 물론 니카라과 혁명정부가 몰락한 것은 미국의 끊임없는 공세가 가장 큰 원인이었지. 그러나 외부의 책임만으로는 돌릴 수 없는 너무나 큰 내부적 책임을 니카라과 혁명정부는 지고 있었던 거야. 어린 여학생이나 어린 딸을 강간하는 것이 그냥 사적이고 '개인적'인 일이 아니라 그것도 바로 '정치적'인 사건이라는 것을 뼈아프게 인식할 때만이 진정한 혁명이 지속될 수 있어. 혁명 안에 '통전성integrity'이 없으면 아무리 위대한 혁명도 유지될 수 없어. 이런 경험들의 축적 때문인지 남미의 여성신학자들은 '매일의 구체적인 삶Lo cotidiano: Everydayness'의 중요성을 자신들 신학의 중심으로 주장하기 시작했지. 아무리 위대한 정치, 경제, 사회 체제를 만들어간다 해도, 그것을 체화해내는 매일의 삶, 삶의 문화가 없을 때 그 위대한 체제들은 인간을 또 억압해간다는 이야기야.

그런데 이모가 사회변혁운동에 참여하면서 겪은 가장 가슴 아픈 기억들은 남자에 의해 내가 당한 것보다 여성에 의해 여성이 억압당하는 것을 보는 일이었지. 남자의 배반은 가부장제가 워낙 몇천 년째 이어져 왔으니까 어떤 면에서 '역시 또' 하고 받아들여지는 면이 있는 것 같아. 그런데 여성운동을 하는 여성들 사이에서 일어나는 '여자의, 여자에 대한 배반'은 나의 믿음의 주축을 다 흔들어버릴 만큼 충격적인 것이었어. 여성운동 속에서 우리는 얼마나 많이 '자매애는 강하다Sisterhood is powerful' 하고 외쳐왔니? 억압된 여성들이 연대해서 억압 없는 새 세계를 만들어가겠다는 것은 얼마나 고귀한 꿈이니? 그런데도 여자 안에 깊이깊이 문화적 유전자처럼 들어 있는 가부장제 내에서의 '자기혐오'는 여자들끼리의 시기와 질투, 분열을 초래하지. 한마디로 여자가 여자를 못 믿고, 무시하고, 남자의 권력이 유혹하면 '자매애'를 헌신짝처럼 버리고 권력 있는 남자를 쫓아가는 예가 너무도 많은 거야.

이모는 이런 일을 가장 믿어온 여자들에게 네다섯 번 당하니까 그냥 머리 깎고 중이 되어 여성운동이고 뭐고 다 집어치우고 이 불타는 속세를 떠나버릴 생각까지 들더라. 남자에게 '브루투스, 너마저Et tu? Brute?' 하는 것보다 여자에게 '브루투스, 너마저!' 하는 것이 더욱 괴로웠지. 여자들이 이렇게 쉽게 서로를 배반한다면 어떻게 여성운동을 해서 가부장제를 극복할 수 있을까 싶어서 말이야. 특히 이모와 같은 전공 분야에 있는 여자들이 이모 앞에서는 나의 일을 지지하는 듯 '자매애'를 강조하다가, 뒤로 가서는 온갖 악성 루머를 만들어내며 사람을 깎아내리고 파괴하려 할 때, 이 인간 속에 있는 깊은 '약함'과 '악함'을 어떻게 소화해야 할까 정말 많이 고민했어. 그럴 때 이모에게 희망을 주는 내면의 목소리는, 그래도, 아직은 내 삶에서 나를 도와주고 진심으로 지지하는 자매들이 배반하는 여자들보다는 훨씬 많다고 말했지.

지금 세상을 보면, 그리고 교회들을 보면 '하느님의 왕국'이 이미 우리 안에 와 있다는, 그리고 완벽한 그 왕국이 언젠가 도래하리라는 기독교의 근본 고백을 믿기 어려워져. 그러나 진정한 신앙인은 '그럼에도 불구하고' 그 사인Sign을 찾으며, 비전을 지켜가는 사람들이라고 믿어. 여성들의 배반에도 불구하고 아직은 '가부장적 자본주의' 권력체제의 주도자들인 남성들보다는, 그 체제의 주변인인 여자들에게 훨씬 근본적인 변화를 일으킬 수 있는 힘과 가능성이 잠재되어 있어.

그러니 리나, 다른 여성을 사랑하고 격려하는 것이 곧 너 자신을 사랑하고 격려하는 것이라 여기고 여자끼리의 깊은 '자매애'를 만들어가려고 노력하렴. 너희 세대 젊은 여성들이 자주 말하듯이 "나는 페미니스트는 아니지만요······." 하는 철딱서니 없는 말들은 이제 그만하고 말이야. 너희 할머니 세대, 어머니 세대에서의 여성운동의 피나는 노력이 없었다면, 너는 네가 지금 누리고 있는 자유와 권리를 꿈도 꾸지 못했을 거야. 그러니 네 또래의 여자들끼리만이 아니라 네 윗세대, 그리고 네 아랫세대의 여성들과도 '여성의 의리'를 지키면서 '자매애'를 키워 나가렴.

이모는 내면적인 고통으로부터의 해방이라는 면에서 불교에 빚진 것이 많고 무척 고마워. 하지만 '사회정의'란 면에서는 역시 기독교인으로 남게 되더구나. 내가 아는 어떤 종교도 예수의 가르침처럼 가난하고 억눌린 자를 '편애'하시는 하느님에 대해 말하고 있지는 않은 것 같아. 그리고 부자는 낙타가 바늘귀로 들어가기 어렵듯이 하느님 나라에 들어가기 어렵고, 창녀와 세리들이 하느님 나라에 먼저 들어가리라는 예수의 가르침이 이모의 가슴을 뛰게 하지. 예수가 선포한 '정의로운 사랑Justice-Love'이 이 세상을 바꿔나가는 원동력이 될 거라고 생각해. 이모는 이제 불교에서도 자비와 지혜로 가득 찬 관음보살, 문수보살, 지장보살만이 아니라 '정의正義보살'이 나와야만 하지 않나 생각해. 니르바나에 들어가지 않고 모든 중생이 깨달아 고통에서 벗어나는 그날까지 인간 세상에 머물면서 이 사회와 지구가 겪고 있는 고통에 귀 기울이며 그 악한 구조를 바꾸어가는 '정의보살' 말이야.

리나, '죽임'의 세력을 '살림'의 세력으로 바꿔가는 것, 이것이 많은 여성들이 해온 가장 오래된 작업이었어. 모든 가족들이 온전하고 건강하게 살아가기 위한 '살림'을 해준 것이지. 우리의 '살림살이'가 더 이상 여자를 가정에 가두는 억압 기제로 쓰이는 그런 살림이 아니라 온 세상을 바꿔가는 '해방적 살림살이'가 되도록 만들어가자. 우리의 '살림'은 옳기만 한 것이 아니라 또한 아름다워야 하지. 그게 좋아서 좇아가고 싶은 기운을 만들어내야 하는 거야. 예수가 뭐라 했니. 우리 모두에게 '사람을 낚는 어부'가 되라 했지. 이제 너의 정의롭고, 살려내는 힘을 가진 아름다운 기운으로 많은 사람들을 낚아보렴. 그리고 너 자신도 좋은 사람들의 낚싯대에 열심히 걸려주고……

그래, 그러면 우리도 열심히 살면서 싸우자. "승리의 그날까지 한결같이!"


이제 이모가 네게 과감하게 살려내고 정의롭게 살림하기 위한 삶에 도움이 되는 음악, 영화, 책, 명상을 알려줄게.

**음악**

스위트 허니 인 더 록, 〈Ella's Song〉
홀리 니어, 〈Singing for Our Lives〉
로린 힐, 〈The Miseducation of Lauryn Hill〉

**영화**

킴벌리 피어스 감독, 〈소년은 울지 않는다〉

마가레테 폰 트로타 감독, 〈로자 룩셈부르크〉

브루노 누이탕 감독, 〈카미유 클로델〉

〈아이즈 온 더 프라이즈Eyes on the Prize〉(미국 인권운동에 대한 다큐멘터리)

변영주 감독, 〈낮은 목소리〉

장길수 감독, 〈은마는 오지 않는다〉

**책**

아이린 다이아몬드, 플로리아 오렌스타인, 『다시 꾸며보는 세상』

정현경, 『다시 태양이 되기 위하여』

'또하나의문화' 출판사에서 펴낸 여러 '다시 써보는 이야기책'들

**명상**

'만지면 변한다' 챈팅\*이야. 정의를 위해 싸워야 할 때 이 챈팅을 계속해. 그럼 너에게 힘이 생길 거야.

I

She touches.

---

\* chanting. 반복해서 부르는 주문이나 노래.

She changes.
Everything she touches changes.
Touch is change.
Change is touch.

Ⅱ
We are women.
Everything we touch changes.
Touch is change.
Change is touch.

Ⅲ
She touches everything.
She changes.
Everything she touches changes.
Touch is change.
Change is touch.

그래, 리나야.
우리가 만지면 모든 것이 변해. 열심히 만지고 열심히 변화시키렴.

# 9

## 여신은 기도하고 명상한다

Breathe In. Breathe Out.
I am Blooming like a Flower.

라나.

　이모는 지금껏, 살림이스트 여전사들에게 주어진 여신의 십계명 중 여덟 개를 너와 나누었어. 여덟 개의 관문을 넘어선 여성은 이제 일급의 여전사가 될 수 있어. 이 관문들을 넘으면서 여전사가 되기 위한 개인적, 사회적 준비가 거의 끝나는 거지. 이모가 너에게, 이 여덟 개의 관문만 넘으면 여성들이 자신과 세상을 바꾸어 당장 건강하고 행복하게 살 수 있게 된다고, 그렇게 약속할 수 있다면 얼마나 좋을까?

　그런데 안타깝게도 그러한 약속을 할 수가 없구나. 자신과 세상을 바꾸는 일은 그렇게 쉬운 일이 아니기 때문이야. 인내와 기다림, 깨지지 않는 희망과 용기를 요구하지. 인간의 약함과 세상의 악함이 우리의 꿈을 짓밟아버리는 경우가 너무도 많거든. 이제 이모는 더 이상 '아니, 인간이 어떻게 그럴 수가 있을까?', '아니, 세상에 어떻게 그런 일이 일어날 수 있을까?' 하고 묻지 않아. 왜냐하면 나의 40여 년 생의 경험에 의해서 '인간은 어떤 일도 저지를 수 있다', '세상에는 어떤 일이건 일어날 수 있다'는 것을 이미 보아버렸기 때문이지. 개인적인, 그리고 사회적인 차원에서 너무도 많은 '브루투스, 너마저!'라는 배반의 경험을 하게 되면, 인간성과 세계에 대한 순진한 믿음이 서서히 사라지게 돼.

  이러한 인간의 정황에 대해 세계 종교는 여러 가지 설명을 하고 있지. 그중에 우리에게 가장 익숙한 기독교와 불교의 예를 들어보자. 기독교는 '원죄Original Sin'라는 이름으로 인간의 악함을 설명하지. 인간은 태어나면서부터 자기중심적이고, 오만과 이기심으로 가득 차 있다는 거야. 그리고 특히 인간의 자기중심성이 개인적인 영역을 벗어나 사회적인 영역으로 확대되면 더욱 강화되고 심화된다고 하지. 이모는 네 나이였을 때 이런 가르침을 받아들이기 싫었어. 하지만 살아가면서 원죄라는 것을 존재론적, 철학적으로까지는 아니라도, 경험적으로 서서히 받아들이게 되었지. 인간은 계급, 인종, 성, 그리고 다른 문화적인 편견 속에 강하게 조건 지어져 있기 때문에, 그 깊은 편견들이 거의 선험적으로 'original'하게 느껴지는 것 같아. 예를 들면 몇천 년 동안 여자를 무시하고 미워하는 문화권의 사람은 자기도 모르게 '여성 혐오'라는 문화적 종자를 가지고 태어나고, 그렇게 자라나는 것 같아. 이것은 바로 '성차별'이라는 이름의 원죄이지. 그래서 이모는 원죄를 '원조건original conditioning'이라고 다시 이름 붙이고 싶어. 기독교는 인간이 자신의 이러한 원죄를 깊이 깨달아 회개할 때 하느님의 은총에 의해 구원 받을 수 있다고 가르치지. 또다시 온전해질 수 있다는 거야.

불교는 기독교에 비해 인간의 원초적 온전함을 더 강조하면서, 그것이 인간 삶 속에서 탐·진·치(욕심·분노·어리석음) 등에 가려져서 잘 표현되지 않는다고 가르치지. 그래서 더러워진 거울을 닦듯 열심히 수양하면서 자신을 닦아야 자기 참모습을 볼 수 있고 고통에서 벗어날 수 있다고 말하고 있어. 불교에서도 역시 이 '더러워진 자아'가 몇 생을 반복하면서 깨달음에 도달할 때까지 이생으로 다시 돌아온다고 보고 있지. 그런 면에서 보았을 때 인간의 부서진 존재는 거의 원초적으로 느껴지는 것 같아.

하여간 인간은 다시 온전해질 수 있는 가능성을 지니고 있음에도 불구하고, 악함과 약함, 욕심, 무지함으로 구성된 복합적이고 모순적인 존재인 것 같아. 그래서 인간 역사에선 분열과 다툼, 그리고 전쟁이 끊이지 않는 거지. 그러면 이러한 현실에 어떻게 대응해야 할까? 악한 현실에 부딪히게 되면, 많은 경우 우리는 비관적인 냉소주의자가 되거나, 마음을 닫아버린 '대인공포증' 환자가 되거나, 아니면 분노의 화신이 되어 우울하고 재미없는 삶을 살게 되지.

이러한 삶의 악함과 고통 때문에 인간에게는 개인적, 심리적, 정치적, 사회적 차원을 넘어선 종교적이자 영성적 차원이 필요한 거야. 다시 말해 지금 당장은 하느님의 왕국을 완성시킬 수 없지만, 이미 보이는 그

신호를 쫓아가며, 그것을 끊임없이 믿고 희망하면서, 현실 속에서 조금씩 더 사랑과 정의의 장을 확대시켜나가는 신앙의 실천, 혹은 지금 여기가 바로 서방정토라고 믿으며 지혜와 자비의 장을 확대시켜가는 보살행의 실천이 필요한 거지. 바로 이런 것들이 '그럼에도 불구하고' 우리의 삶을 다시 온전하고 아름답게 하고, 고통이라는 삶의 불을 시원한 지혜의 물로 끌 수 있게 하는 거란다.

그래서 세상의 악을 무찌르고 온전한 세상을 만들기 위해 인간 역사와 자연을 다 끌어안으며 그것들을 초월할 수 있는 영성이 요구되는 것 같아. 그렇지 않다면 전사들은 정의의 칼에 찔려 더욱 깊이 상처받고, 분노의 불에 타 더 쉽게 죽어가겠지. 그래서 우리는 우리의 생각과 마음, 현실적 사랑까지 넘어서는 더 큰 존재, 그 이름 붙일 수 없는 사랑과 신비에 귀의하면서 삶의 고통들을 초월해가는 것 같아.

그 큰 사랑, 그 시원始原한 지혜, 그 자유로운 신비를 체험적으로 만난 사람들은 더 이상 삶의 고통에 이리저리 끌려다니지 않게 되지. 물론 이 사람들이 고통을 겪지 않는 건 아니야. 그러나 이들은 그것을 파도 타듯이 쉽게 넘어갈 수 있어. 그래서 세계의 수많은 전통문화에서 보듯이 전사들은 무술 훈련만 받는 게 아니라 깨달음의 훈련, 영성 훈련들을 받아왔어. 이 초월의 차원이 없다면 우리의 삶은 너무도 쉽게 부서지게 돼. 그렇기 때문에 진정한 전사는 결국 도사, 깨달은 사람이 되어야 하는 거지.

이모의 삶에 있어서 이 초월의 차원은 80년대 후반에 찾아왔어. 서른 살이 되면서부터였지. 나의 삶이 여러 가지 면에서 부서져 나가기 시작했을 때였어. 많은 영적 순례자들의 고백처럼 우리는 우리 삶이 난파될 때 신을 만나게 되는 것 같아. 이모는 그때 처음으로 너의 할머니, 네 엄마, 그리고 너희의 존재에 대해 알게 되었지. 큰 충격이었어. 결혼은 깨어져가고 있었고, 학문적인 진로는 보이지 않아서 깜깜했어.

이때 죽음 같은 우울증에서 벗어나려고 기도와 명상을 하다가 일생 동안 나를 이끌어줄 여신의 존재와 만나게 된 거야. 이 여신의 존재는 그 후로도 삶의 횃불처럼 길을 밝혀주고, 죽음의 세력들로부터 이모를 보호해주었지. 그때부터 세계의 많은 스승들의 지도를 받으며 기도와 명상의 세계로 더 깊이 들어가게 된 것 같아.

베트남의 틱낫한 스님, 한국의 숭산 스님, 티베트의 달라이 라마 스님, 캄보디아의 마하 고사난다 스님, 미국의 샬럿 조코 벡 선사님, 잭 콘필드 선생님, 이들은 모두 내가 깊이 만나 삶의 오묘한 지혜를 전수받은 스승들이지.

또 스리랑카의 알로이시우스 피어리스 신부님, 인도의 사무엘 라얀 신부님, 멕시코 치아파스의 사무엘 루이스 가르시아 주교님, 미국의 앙투아네트 무어 수녀님, 조앤 D. 치티스터 수녀님. 이분들은 내가 기독교의 위선이 지겨워 도망가고 싶을 때마다 내가 태어난 전통에 다시 뿌리내리게 해주시며 내 전통의 진짜 사랑 안으로 인도해준 안내자들이셨어.

그리고 나와는 다른 시대에 삶을 사신 분들이지만, 13세기 아프가니스탄에서 태어나고 터키에서 자란 이슬람 수피 시인 루미는 변함없이 나의 영적인 연인이 되어주었고, 중세의 여성 신비주의자 힐데가르트 폰 빙엔이나 시에나의 카타리나 수녀님과 아시시의 프란체스코 성자는 큰언니와 오빠처럼 나를 끌어주셨지. 요사이 이모가 공부하는 분은 돌아가신 토머스 머튼 신부님이야. 불교와 기독교, 영성과 사회정의, 예술과 학문을 연결시켰던 그분의 삶은 이모에게 커다란 이정표가 되어준단다.

그러면 왜 기도와 명상이 살림이스트 여전사들의 삶에 그렇게 중요한 걸까. 더 깊이 이야기해줄게. 기도하고 명상한다는 것은 '세상이 규정하는 나'의 모든 이름을 내려놓고, 그 역할의 옷을 벗어버리고, 신과 만나고 또 진짜 '나'를 만나는 과정이기 때문이야.

우리가 지금 살고 있는 세상을 '병'이라는 메타포를 써서 표현하자면 '중독'과 '에이즈'의 세상이야. 이 지구화 과정을 일으키는 초국적 자본주의는 'BM2'로 인간 세상을 망쳐가고 있지. 'BM2'는 이모가 만들어낸 Busy-ness(Business), Money, Many, 즉 B. M. M의 약자야. 세상을 큰 시장터로 만들고 온 땅을 비즈니스 게임터로 만드는 초국적 자본주의는 우리를 정신없이 바쁜 사람들로 만들어가고 있어. 모두 "바쁘다, 바빠!" 하고 아우성을 치지. 너무 바빠 자신과 가족, 이웃을 돌볼 시간이 없는, 정신없고 분열된 개인을 만드는 것이 이 자본주의의 음모야. 정신없는 인간을 지배하기는 참 쉬우니까. 그리고 이 정신없는 개인들이 숭배하는 신은 돈money이지. 돈이면 뭐든지 할 수 있다는 복음을 전파하며 '돈교'에 입교하는 거야. 그리고 뭐든지 많이많이 무한정 불려나가야 해. 생산도 늘리고, 섹스도 더 진하게 많이 해야 하고, 차도 더 빨리 몰아야 하고. 뭐든지 더 많이, 더 진하게, 더 빨리 해나가지 않으면 실패고 퇴보라고 생각하는 거야.

이것이 바로 중독의 과정이지. 중독된 사람은 그 중독을 야기시킨 대상 없이는 살 수 없게 돼. 그리고 중독의 정도를 더욱더 심화시키다가 자신을 죽음까지 몰아가지. '무엇 없이는 살 수 없다'라고 느낄 때, 우리는 이미 중독에 빠져 있는 거야.

그리고 또 하나, 우리 사회를 표현하는 메타포를 들자면, 그것은 '에이즈'야. 에이즈란 '후천 면역 결핍증'이지. 우리의 면역체계는 몸 안에 균이 들어왔을 때, 그것이 우리의 참세포가 아니라는 걸 발견하고 백혈구를 동원해서 죽이게 되어 있어. 그렇게 해서 몸의 온전성을 지켜갈 수 있지. 그런데 에이즈에 걸리면, 다른 균이 들어와도 그것이 우리 자신의 세포가 아니라는 것을 알아낼 능력이 없어져버려. 때문에 무엇이 들어오든 무방비 상태가 되고 결국은 이물질 세포에 잡아먹혀 죽게 되지.

이것은 영적으로 말하자면 '거짓자아'가 '참자아'를 잡아먹는 병이야. 우리가 살고 있는 사회는 고도로 아름답게 포장된 거짓자아들로 우리를 유혹하고 있지. 대중매체의 광고들은 많은 경우 이 거짓자아 바이러스로 우리를 현혹시키고 있어. 이걸 먹으면, 이걸 바르면, 이걸 입으면, 이걸 타면…… 이런 식의 미사여구로 말이야. 이걸 좇아가다 보면 참자아를 찾기는커녕 거짓자아에 잡아먹히게 되는 거지.

이 문화적인 중독과 후천 면역 결핍증을 치료하는 기도와 명상법은, 중단하기Stop, 숨쉬기Breathe, 깊이 들여다보기Pay attention야. 그래서 시커Seeker들은 도시를 떠나 숲으로 가고, 수도원에 들어가고, 동굴에 숨는 거야. 이 미친 듯이 돌아가는 삶의 수레바퀴에서 잠시 내리는 거지. 그러고는 깊은 숨을 들이쉬고 내쉬면서 자신을 들여다보고, 신의 목소리를 듣고, 존재로 충만한 눈으로 주변을 바라보는 거야. 너는 이 시커들처럼 지금 출가할 수는 없다 해도 언제, 어디서든지 그들의 방법을 사용해서 그 깊이의 세계에 들어갈 수 있어. 우선은 하던 일을 잠시 중단하는 거야. 그리고 깊이 숨을 들이쉬고 내쉬어. 네 존재가 잔잔해질 때까지. 그런 다음 그 잔잔해진 영혼의 수면에 무엇이 떠오르는지 바라보는 거지. 이것을 생활화하면 진짜 너의 삶을 살 수 있어.

이러한, 가능성으로 임신한 침묵의 시간이 없다면, 그 홀로 있음의 자유가 없다면, 우리는 위대한 창조도, 진정한 친밀함도 얻을 수 없어. 어떠한 큰 슬픔이나 고통도, 분노나 외로움도, 그 어떤 의미 없음도 기도와 명상에 의해 치유될 수 있지. 나는 내 삶의 체험에 의해서 기도와 명상의 힘을 1백 퍼센트 믿고 있어.

  한순간 한순간 숨 쉬며 관찰하는 것. 그리고 그 순간을 1백 퍼센트 사는 것. 이것은 우리를 삶의 예술가로 만들어준단다. 삶에 큰 위기가 닥쳐서 어떻게 헤쳐나가야 할지 전혀 보이지 않을 때, 걱정 근심을 일단 중지하고, 깊이 숨 쉬며, 삶을 들여다봐. 많은 경우에 대답들이 바로 옆에서 기다리고 있을 거야. 어떤 무지막지한 일에 맞닥뜨리면 숨이 턱 막히지만, 이 순간, 또 다음 순간을 살아가다 보면, 그 살아남았던 순간들이 모이면서 어떤 위기도 넘어갈 수 있게 되는 거야. 이모의 삶에서 그런 경험을 했던 순간들에 대해 이야기해줄게.

  내가 아주 사랑하던 남자가 이유를 말하지 않고 거의 폭력적으로 나를 떠난 적이 있었지. 갑자기 떠나려는 이유가 무엇인지 대화를 해보려고 했는데, 그는 마치 전쟁에서 수많은 사람들을 죽이고 돌아온 군인처럼 난폭하게 나를 대했어. 내가 알던 사람과는 전혀 딴 사람이 되어 있었지. 울면서 붙잡다가 이 사건이 어떤 운명처럼 느껴져서 그냥 그를 보내기로 했어. 내 몸의 반이 머리에서 발끝까지 무딘 톱으로 썰려 나가는 것 같았어. 눈물이 걷잡을 수 없이 쏟아져 내렸고, 심장이 찢어지는 듯한 고통 때문에 금방이라도 죽을 것 같았지. 그때 깊이 숨을 쉬면서 떠나가는 그 남자의 뒷모습을 보았어. 항상 안기고 싶었던 그의 넉넉한 어깨가 보였지. 더 큰 고통이 물밀듯 밀려왔어. 다음 순간 또 깊이 숨을 쉬면서 그가 가는 뒷모습을 보니, 그 위로 넓게 펼쳐진 저녁노을이 보였어. 빛깔이 얼마나 아름답던지. 그 빛깔이 주는 기쁨은 심장이 멎을 듯한 슬픔으로부터 한순간에 나를 구해주었어. 그때 이런 생각이 스쳐갔지. '모든 사라지는 것은 아름답다.' 슬픔 속에서도 떠오르는 아름다움이 보이니까 다시 깊은 숨이 쉬어지더구나. 그래서 나는 뒤돌아 나의 길을 걸어갔어.

또 생각나는 순간이 있네. 이모가 일과 관련해서 늘 믿어오던 사람에게 큰 배반을 당하고 중상모략에 휩쓸린 적이 있었지. 그 사람만은 그럴 리 없다고 믿어왔는데 그런 일을 당하니, 이 세상의 인간들 중 믿을 사람이 아무도 없다는 느낌이 들면서 한없이 우울해졌어. 밑 빠진 독의 물처럼 나의 몸에 남아 있던 힘들이 그렇게 서서히, 남김없이 빠져나가는 게 보였어. 아직 쌩한 추위가 남아 있는 이른 봄이었어. 길을 가는데 길가에 눈을 녹이며 올라와 예쁜 꽃을 피워낸 이름 모를 작은 풀꽃이 있는 거야. 맥없이 멈춰 서서 한참 동안 그 꽃을 보았단다. 그때 세상이 멈추면서 내 숨소리만 들렸어. 그리고 이내 그 작은 풀꽃의 숨소리도 들렸지. 미소가 떠올랐어. 모진 겨울 추위 때문에 더욱 아름다워진 작은 풀꽃이 고마워서 말이야.

이렇게 순간순간 깊이 숨 쉬며 잔잔히 바라보는 그 힘은 혹독한 죽음의 골짜기에서도 우리를 보호해주는 것 같아. 그러니 리나, 두려움 없이 이 기도와 명상의 세계로 들어와봐. 현실이 주지 못하는 기쁨과 평화가 너를 기다리고 있을 거야.

   그러면 어떻게 명상의 힘을 키워갈 수 있을까? 시간을 내어 수도원으로 피정을 가거나 선원에 들어가서 좌선을 정식으로 배우거나 하면 좋은 시작이 될 거야. 그러나 여건이 안 되면, 매일의 생활에서 명상을 실천해보는 것도 좋지. 중단하고 숨 쉬고 깊이 바라보며 깊이 듣는 것. 이 원칙을 적용하면 언제, 어디서든지 명상에 몰입할 수 있어. 틱낫한 스님은 이렇게 말씀하셨어. "당신이 숨 쉴 수 있다면, 숨 쉴 시간이 있다면 명상할 시간이 있다."라고.

   그러면 이모가 매일의 생활에서 할 수 있는 명상의 예들을 들어줄게.

### 걷는 명상(행선)

   너의 호흡에 맞춰 걷는 거야. 네가 딛는 발자국마다 연꽃이 피어난다고 상상하면서 말이야. 이모는 행선을 할 때 틱낫한 스님으로부터 배운 만트라를 외우는데 이렇게 하면 평화와 기쁨이 가득 차오르지. 그 만트라를 가르쳐줄게.

  들이쉬며
  내쉬며
  들이쉬며

내쉬며

꽃처럼 피어나네.

이슬처럼 맑네.

산처럼 단단하고

땅처럼 든든하네.

자유.

자유.

자유.


Breathe in.

Breathe out.

Breathe in.

Breathe out.

I am blooming like a flower.

I am fresh like the dew.

I am solid like a mountain.

I am firm as the earth.

I am free.

I am free.

I am free.

이 만트라 전체를 한꺼번에 외울 필요는 없어. 꽃처럼 활짝 피어나고 싶은 날은 "꽃처럼 피어나네"만 하고, 단단한 사람이고 싶은 날은 "산처럼 단단하네" 하고 걸으면 되는 거야. 네게 가장 필요한 힘을 우주로부터 선물받는 거지.

### 전화 명상

전화를 받을 때 서둘러서 받지 말고 벨이 세 번 울리는 동안 벨소리에 맞춰 숨을 차분히 들이쉬고 내쉬어. 전화를 건 미지의 사람에게 생명을 실어 보내면서 말이야. 그런 후 미소 지으며 "여보세요."라고 해봐.

### 설거지 명상

설거지를 할 때 후다닥 해치우고 다른 일을 해야겠다는 생각으로 하지 말고, 부처님이나 예수님, 또 너의 하느님을 씻기는 듯한 정성으로 오직 설거지만 해.

### 먹는 명상

음식을 먹을 때 서두르며 정신없이 먹지 말고, 차분히 천천히 먹어봐. 우선 음식을 대할 때 세 번 깊이 숨을 들이쉬고 내쉬어. 그런 후 이 음식이 우주에서 온 생명의 대사들이라고 생각해봐. 해, 달, 별, 비, 구름, 농부, 트럭 운전사, 상인, 음식을 준비한 사람, 그리고 하느님. 그들이 모두 그 안에 있으니까, 그 모든 이들에게 감사드리고 침묵 속에서 음식을 먹는 거야.

### 꿈 명상

잠자리에 들기 전에 네가 꼭 알고 싶은 삶의 질문을 우주에 던져봐. 대답을 보여달라고 기도하면서 말이야. 그러면 꿈에 그 대답이 나오는 경우가 많아. 머리맡에 항상 연필과 노트를 놓고 자도록 해. 꿈에서 깨자마자 본 것을 노트에 기록해. 이렇게 몇 달을 하다 보면, 꿈의 패턴 속에서 네 대답을 볼 수 있을 거야. 이모는 이 꿈 명상을 통해 너의 할머니, 네 엄마, 그리고 너를 찾았어. 꿈은 굉장한 기억의 힘을 가지고 있단다.

### 쓰기 명상

아침에 일어나면 무조건 손이 가는 대로 마음에 나타나는 말들을 써보는 거야. 하루에 세 쪽씩. 이때 컴퓨터로 하면 안 돼. 꼭 손으로 써야 해. 연필을 들고 종이에다 직접 쓰는 것이 훨씬 더 상상력을 유발한대.

### 좌선

매일 같은 시간에 약 40분씩 시간을 잡아 가부좌를 하고 앉아서 명상하면 제일 좋지. 만일 그렇게 시간을 낼 수 없다면 하루에 5분, 10분이라도 해봐. 꾸준히. 너의 삶이 달라질 거야.

### 자연 명상

깨끗한 자연은 그냥 그 안에 들어가기만 해도 우리를 그 기운에 의해 명상하게 만들어주지. 등산을 하거나 강이나 바다를 찾아가 자연의 숨소리와 하나가 되어보는 것. 아름다운 명상이야.

### 일상의 명상

이 외에도 너는 많은 명상들을 만들어낼 수 있어. 달리기 명상, 테니스 명상, 춤 명상, 노래 명상, 노는 명상, 영화감상 명상 등등. 뭐든지 멈추고 깊이 숨 쉬고 1백 퍼센트로 하면 명상이 돼.

리나, 이제 이모가 '여신은 기도하고 명상한다'는 계명을 지키는 데 도움이 되는 음악, 영화, 책을 소개해줄게.

**음악**

김영동, 《소리여행》 앨범, 《선禪》 앨범

제니퍼 베레잔, 〈She Carries Me 그녀는 나를 데려가네〉

황병기, 〈비단길〉

양희은, 〈봉우리〉

어나니머스 4, 〈Hildegard Von Bingen〉, 〈11,000 Virgins〉

스위트 허니 인 더 록, 〈Breath〉

리바나, 〈A Circle Is Cast〉

**영화**

마틴 스코세이지 감독, 〈쿤둔〉
배용균 감독, 〈달마가 동쪽으로 간 까닭은〉
존 듀이건 감독, 〈로메로〉
〈조지프 켐벨과 신화의 힘Joseph Campbell And the Power of Myth〉(다큐멘터리)

**책**

틱낫한, 『틱낫한의 평화로움』
비파사나 입문서들
힐데가르트 폰 빙엔의 전기들
현각 스님, 『만행』
숭산 스님, 『선의 나침반』
성 프란체스코 일대기
잭 콘필드, 『고요한 숲 속의 연못』
수전 그리핀, 『이 지구로부터 만들어짐Made from This Earth』

# 10

## 여신은 지구, 그리고 우주와 연애한다

※

Yes, Si, Oui, Find a River and Say Yes to It's Flow.
— Julia Cameron

리나.

 드디어 여신의 십계명 중 마지막 계명에 다다랐구나. 이 먼 길을 나와 함께 여행해주어서 고마워. 이제 마지막 열 번째 계명을 듣고, 세상에 홀로 나가렴. 그리고 이 계명을 실천하는 살림이스트 여전사가 되어 죽어가는 세상과 지구를 구하는 일을 시작해보렴. 많은 여전사들이 너의 동지가 되어 도와줄 거야.

 열 번째 계명은 '여신은 지구, 그리고 우주와 연애한다'야. 진정한 사랑을 아는 사람만이 진정한 전사가 될 수 있지. 이모는 항상 '오직 진정으로 사랑하는 사람만이 진정한 전사일 수 있다'고 굳게 믿어왔어. 세상의 부정의와 악을 물리치는 전사가 된다는 것은 참 중요하지. 그러나 왜 그 싸움을 하느냐 하는 의도는 더욱 중요한 거야. 전사의 싸움은 이 세상에 대한, 삶에 대한, 모든 생명에 대한 뜨거운 사랑에 근거해 있어야 해. 그렇지 않으면 우리는 생명을 살리는 싸움을 하는 과정에서 악의 세력과 닮아가며 나중에는 똑같아져버려. 우리가 정말 깨어 있으면서 'Lover'로서의 삶의 뿌리를 잃지 않아야 모두를 살려내는 싸움을 하는 여전사가 될 수 있어. 이 'Lover'로서의 첫 마음을 잃어버릴 때, 어제의 혁명가가 오늘의 독재자로 나타나게 되지.

깨달음의 마지막 단계는 '자유로부터 나온 사랑'인 것 같아. 누구에게 무엇을 받기 위해 주는 사랑이 아니라, 그냥 그 사랑받는 사람의 치유와 성장을 위해 주는 아낌없는 사랑 말이지. 사랑도 실력이야. 보디빌딩보다 더 어려운 훈련 과정을 요구하지. 그리고 수많은 연습이 필요해. 사랑은 절대 낭비가 아니야. 네가 너 자신의 중심에 굳게 선 사랑을 한다면 많이 사랑할수록 좋은 거야. 짝사랑이든, 이루어질 수 없는 사랑이든, 불가능한 사랑이든, 실패한 사랑이든 상관없어. 네가 사랑을 많이 할수록 누군가의 삶을 그만큼 깊이 있게 만드는 거야. 또한 너 자신도 폭이 넓어지고 삶의 깊이가 더해지는 거고.

틱낫한 스님은 "이해는 사랑의 다른 이름이다Understanding is another name for love."라고 말씀하셨지. 그러면서 이렇게 덧붙이셨어. "그러나 네가 이해하지 못한다면 네가 더 많이 사랑할수록 다른 사람을 더 괴롭히게 된다But if you do not understand, the more you love, the more you make other people suffer." 사랑이 너의 결핍감을 메우려는 잘 계산된, 혹은 중독적인 상행위가 될 때, 그 사랑은 너와 주위 사람 모두를 괴롭힐 거야.

미국에서 베스트셀러가 됐던 『너무 사랑하는 여자들Women Who Love Too Much』이라는 책이 있어. 그 책에서 저자는 사랑하도록 길들여지고, 사랑에 중독되고, 너무 많이 사랑하다가 결국은 자기 삶을 파괴시키는 여성들에 대해 기술하고 있지. 삶에 중심이 잡혀 있지 않은 채 자기를 행복하게 만들어줄 다른 사람을 찾아 과도한 정성을 바치다 죽어간 여자들의 이야기야.

어떤 사람도 스스로 행복해할 줄 모르는 사람을 행복하게 만들어줄 수는 없어. 결핍감에서 나온 사랑, 무지한 사랑은 삶과 사람에 대한 이해에 근거해 있지 않기 때문에 더 많은 고통을 만들어내지. 조용히 앉아 자신이 사랑하는 사람이나 오브젝트를 생각할 때, '저 사람 없으면 나는 살 수 없어. 저 오브젝트가 없으면 나는 죽을 거야'라는 생각이 들면 그건 벌써 무지한 중독적인 사랑이지. 이런 사랑으로부터는 빨리 빠져나올수록 좋아.

진짜 사랑이란 그 관계를 맺음으로써 생명과 세상을 치유할 더 많은 기운이 일어나는 사랑이야. 세상을 향해 열려 있지 않은 사랑은 소통되지 않는 기운 때문에 둘 사이에서 타 죽어버리지. 그런데 또 어떤 경우는 사랑을 주지 않는 것이 가장 큰 사랑일 수도 있어. 너에 대한 어떤 사람의 사랑이 중독성과 의존성에 근거해 있다면 말이야. 자유의 바람이 항상 시원하게 부는 사랑. 그것이 바로 살림이스트 여전사들이 해야 할 사랑인 거야.

이모가 만난 진짜 깨달은 사람들은 사랑으로 넘치는 사람들이었지. 그 사랑은 지혜로움에 근거한 자비로운 사랑이었고, 잔잔하고 고요하고 맑고 밝고 따뜻하고 빛나는 사랑이었지. 게다가 가벼웠지. 유머와 웃음으로 가득 차 있고. 이런 사랑은 후기 자본주의를 사는 사람들이 느끼는 '참을 수 없는 존재의 가벼움'이 아니라 '즐거운 존재의 가벼움'이야. 많이 이해하고, 불필요한 것은 다 내려놓았기 때문에 느끼는 가벼운 기쁨. 그리고 이 사람들은 마치 세상과 지독한 연애에 빠져 있는 것 같았어. 아무것도 아닌 것에 감탄하고, 별것도 아닌 것을 아름답게 보고, 평범함 속에서 보물을 찾아내는 어린아이처럼.

이들 중에서도 특히 사랑의 눈으로 세상을 마술처럼 변화시킨, 이모가 제일 좋아하는 성자는 수피 시인 루미야. 그는 철학자이자 신학자였고 법률가였지. 그리고 학교의 총장이기도 했어. 루미는 어느 날 방랑하는 수피 신비주의자 샴스를 만나자마자 샴스의 빛을 알아보고 그 자리에서 기절해버렸어. 그 후 루미와 샴스는 석 달간 침묵의 대화에 들어갔어. 두 사람은 석 달 동안 방에서 나오지 않고 서로의 눈을 보며 대화를 했지. 그런 뒤에 루미는 전혀 다른 사람이 되었어. 철학자, 신학자, 법률가의 모자를 다 벗고, 총장의 자리도 내던지고, 춤추는 방랑 시인이 된 거지. 그러고는 눈물이 나도록 아름다운 사랑의 시를 남겼지.

거의 9백 년이 지난 지금도 어느 이슬람 국가에 가든지 루미의 아름다운 사랑 노래들을 들을 수 있어. 그는 이 세상의 모든 것에 대해 노래

해. 마치 신의 눈으로 세상을 보는 듯한 노래를. 그의 시들을 읽고 있으면 내 주변의 모든 것이 무생물에서 생물로 변하고, 대화가 가능한 사람이 되어 다가오지. 세상이 춤추기 시작하고, 모든 것이 살아서 움직이는 신비의 세계가 펼쳐지는 거야. 그 세계 속에서는 모든 것이 서로의 애인이 되어주지. 나무도, 새벽별도, 고양이, 돌멩이, 술잔이나 과수원, 낙타와 사막까지도 다 살아나서 말을 걸어와. 이 세계에 일어나는 모든 것이 기적이 되는 거야. 살아 있다는 것도, 숨 쉬는 것도, 지금 이 세상에 와 있다는 것도, 밥 먹는 것과 화장실 가는 것도 모두 기적으로 느껴지지. 그 속에는 놀라움과 경이, 기쁨과 호기심이 가득 차 있어.

 이모는 세상이 정말 '좆같이' 느껴질 때, 그리고 분노가 슬픔과 절망으로 변할 때, 루미의 시집을 들고 골방으로 들어가든지 아니면 숲으로 가. 그러곤 소리 내어 시들을 낭독하지. 마치 내가 셰익스피어 극장에서 시를 읽는 배우가 된 것처럼. 어떨 때는 차분히 앉아서, 어떨 때는 걸어 다니며 극적인 제스처를 취해가면서……. 그러다 보면 다 죽었던 무채색의 세계가 유채색이 되고, 삶에 찌들어 우울했던 세상이 카니발처럼 화려하게 다가와.

"같이 노래해요."
"같이 춤춰요."
"우리 연애할까요?"
하면서 갑자기 세상이 생기를 머금고 따뜻하고 아름다워지지. 그러면 이모는 마약 먹은 여자처럼 "Yes. Yes. Yes!" 하고 소리치며 뉴욕 거리를 활보하거나 혼자 공원에서 노래하며 춤을 춰. 아직도 세상에는 너무 많은 아름다움이 남아 있고, 그 아름다움을 감사하며 살기에도 인생은 너무 짧은 것이라고 생각하면서 말이야. 그냥 즐거워져. 그리고 다시 어린아이 마음이 되어 "흠…… 오늘은 또 어떤 일이 일어날까? 너~무 궁금하다." 하며 나의 삶의 자리로 돌아오는 거야.

결국 우리의 명상, 수도, 기도, 싸움, 혁명 모두가 더 사랑하는 사람, 더 사랑이 넘치는 세계, 더 충만한 생명을 만들기 위해 하는 일이야. 특정 인물과만 연애하는 사람이 아니라 모든 생명과 연애하는 사람이 가득한 세상을 만들어가자는 거지.

이렇게 히말라야에 와서 산속에 혼자 살게 되니까 지금까지 열리지 않았던 능력들이 계발되는 것 같아. 아니, 잊어버렸던 능력들이지. 아주 어렸을 때는 알고 있던 능력들이니까. 그건 동물, 식물, 광물 들과 대화하는 능력이야. 도시에서 계속 사람들과 쉴 새 없이 떠들며 살 때는 눈에 보이지도 않던 그들이지. 이곳에선 혼자 살고 사람들과 언어 소통이 안 되니까 자연히 인간이 아닌 그들의 존재가 가슴에 와서 닿는 것 같아. 염소, 버펄로, 소, 개, 고양이, 나비, 도롱뇽, 집 앞에 핀 칸나, 봉숭아, 부겐빌레아, 그리고 매일 다른 빛깔을 보여주는 만년설의 히말라야 산. 그들 모두가 말을 걸어와. 우린 서로 대화하면서 친한 친구가 되지.

한번은 이런 일이 있었어. 새벽에 산꼭대기의 절에 올라갈 때마다 만나는 티베트 산의 검은 개가 있었어. 그 개는 항상 큰 나무가 있는 정자 아래 앉아 먼 산을 바라보고 있었지. 내가 처음 산을 올라가기 위해 그 옆을 지나갈 때는 조금 짖기도 했는데, 매일 보니까 짖지도 않더라고. 옆으로 지나가도 마치 명상하듯 먼 산만 보고 앉아 있는 거야. 그런데 하루는 그 개가 나를 쫓아왔어. 처음엔 큰 개가 너무 바짝 쫓아오니까 겁이 나더구나. 사람이라고는 흔적도 찾을 수 없는 이 산속에서 혹시라도 개한테 물리면 어떻게 하나 하는 생각이 들면서 말이야. '아, 이럴 줄 알았으면 미국에서 광견병 예방주사를 맞고 오는 건데' 하는 생각이 스쳐 지나갔지. 난 불편한 마음으로 개를 돌아보곤 했어.

그러다 그 개가 어쩌나 보려고 가만히 서 있어보았지. 그랬더니 자기도 가만히 서 있는 거야. 또 내가 걸으면 자기도 걷고. 이상하다고 생각되었지만 그냥 의심을 내려놓고 산을 오르기로 했어. 산꼭대기까지는 내가 묵던 집으로부터 거의 한 시간이 걸리는데 이렇게 불안한 마음으로 갈 필요는 없다는 생각이 들었지. 그래서 개에게 말했어. "고마워. 이렇게 길동무를 해줘서. 이제 우리 사이좋게 같이 가자." 내가 그렇게 말을 해서 그런지 그때부터는 개가 앞에 서서 길을 인도하며 먼저 산으로 올라갔어. 내가 힘들어서 속도가 느려지면 내가 올라갈 때까지 서서 기다렸다가 또 가곤 했지. 간혹 그에게 말을 걸었어. "새벽 숲 냄새 좋지?", "왜 이렇게 일찍 일어나서 매일 먼 산만 바라보는 거야?" 내가 말을 걸면 순하디순한 눈으로 나를 뚫어지게 바라보았지. 평화를 주는 눈빛이었어.

그렇게 그 개와 열심히 산을 올라가는데 갑자기 숲 속에서 난폭하게 생긴 남자가 나타났어. 손에 날카로운 낫을 들고. 아직도 해가 뜨지 않은 깜깜한 때, 아무도 없는 숲에서, 무서운 얼굴의 낫을 든 남자를 만난다는 건 섬뜩한 일이었어. 그날까지 한 번도 그 시간에 산사에 올라가다가 사람을 본 적이 없었거든. 그런데 그 남자가 나타나자마자 개가 얼마나 무서운 기세로 달려들듯 짖어대는지, 남자가 무서워서 뒷걸음질을 치더구나. 그 개는 금방이라도 물어뜯을 듯한 돌격 자세로 으르렁거렸어. 내가 매일 보던 순한 개가 아니었지. 그렇게 그 남자를 쫓아 보내고는 다시 나를 쳐다봤어. 좀 전의 그 순하디순한 눈으로.

그러고는 나를 인도해서 산꼭대기에 있는 절까지 데려다 주었지. 고맙다고 인사하며 머리와 목덜미를 쓰다듬어주니까 그 순한 눈이 웃는 것 같았어. 신발을 벗고 스님들이 새벽 챈팅을 준비하는 방으로 들어가니까 그제야 뒤돌아서 어디론가 가버렸어. 그때 느꼈지. 저 개는 나보다도 더 영혼의 진도가 많이 나간 개일지 모르겠다고.

동물들의 이런 조건 없는 큰 사랑에 대해선 너무 많은 실례들이 있어. 그중 하나는 멕시코 치아파스에 평화운동을 하러 갔을 때, 그곳의 주교인 사무엘 루이스 가르시아 신부님으로부터 들은 이야기야. 신부님은 미국과 멕시코가 NAFTA라는 불평등 경제조약을 맺었을 때, 분연히 일어난 원주민 혁명 군인들인 사파티스타들을 보호해준 훌륭한 분이야. 신부님이 억압받는 원주민들을 위해 일하자 멕시코 정부에서는 그분 밑에서 일하는 젊은 신부들을 잡아가 죽이기도 하고, 고문해서 감옥에 넣기도 했어. 원주민들을 감싸는 데 대한 보복이었던 거야. 하지만 주교님은 눈 하나 깜짝 안 하고 감옥에 들어간 신부들을 모두 감옥 선교사로 임명해버리셨어. 어디에나 하느님의 사랑은 충만하다고 하시면서 말이야. 그러면서 감옥에서 나타난 거룩한 사랑 이야기를 하나 해주셨지.

과테말라에 있는 원주민 운동가가 독재정권의 군인들에게 잡혀 모진 고문을 당하고 독방에 넣어졌대. 군인들은 이 운동가를 굶겨 죽이기로 결정하고 2주일도 넘게 음식을 주지 않았대. 매일 언제 죽나 지켜보면서 말이야. 이 운동가도 자기 몸에서 기운이 다 빠져나가는 걸 보고 이제 죽겠구나 하고 체념하고 있었어. 그런데 어느 날, 감옥의 작은 창문을 통해 암탉 한 마리가 날아들었다는구나. 암탉은 운동가 앞에다 알을 하나 낳아놓고는 날아서 나갔고, 그 죽어가는 원주민 운동가는 그 날걀을 먹었대. 그다음 7일 동안 닭이 매일 와서 알을 하나씩 낳아주었어. 그러는 사이에 정치적 변동이 생겨 이 사람은 감옥에서 풀려 나오게 되었지. 암탉이 그를 살려준 거야. 이 이야기를 신부님으로부터 들을 때 눈물이 났어. 그 암탉을 통해 나타난 우주의 큰 사랑에 감복해서 말이야.

이러한 우주의 큰 사랑은 동물들과 식물들뿐만 아니라 무생물을 통해서도 나타나는 것 같아. 이모가 네팔의 묵티나트라는 성지에 갔다가 좀솜으로 돌아오는 길이었어. 사막의 불바람을 맞으며 혼자 걷는데 바람이 얼마나 세차던지 날아갈 지경이었지. 주변엔 사람이라곤 하나도 없고, 기운은 빠져 있고, 아직도 다음 마을이 나오려면 몇 시간을 더 걸어야 하는데 몸은 천근만근 무거워지고 있었어. 이러다 이 사막에서 쓰러지면 어떻게 하나 불안해지기 시작했어. 물도 다 떨어졌고. 그렇다고 마냥 그 회오리 같은 사막 바람 속에 앉아 쉴 수도 없었지. 히말라야에서는 해가 지면 아무것도 보이지 않고 온도가 많이 떨어지거든. 그다음 날 아침까지 살아 있을 수도 없을 것 같았어. 갑자기 엄청난 외로움과 두려움이 몰려오면서 털썩 땅바닥에 주저앉았지. 더 가기에는 너무 지쳤고, 편안히 앉아 쉬기에는 너무도 불안한 상태였어. "저를 도와주세요." 하는 기도가 저절로 입에서 새어 나오더라.

　사막을 가로지르는 칼리간다키 강을 보고 계속 기도하다가 문득 고개를 들었어. 그리고 하늘을 쳐다보았지. 그랬더니 너무도 놀라운 장면이 하늘에서 펼쳐지고 있었어. 내 눈앞에 떠 있는 구름이 무지개 색을 띠면서 서서히 그 모양을 바꿔가고 있는 거야. 나는 태어나서 무지개는 몇 번 보았지만, 구름 전체가 무지개 색인 무지개 구름은 본 적이 없었어. 너무도 아름다운 광경이었지. 넋을 놓고 구름이 모양을 바꾸는 것을 바라보았어. 처음에는 하늘을 나는 용처럼 보이더니, 그다음은 거북이, 새 모양으로 변했지. 한참을 보고 있으려니까 구름 모양이 여신들의 형태를 수집한 사전에서 보았던, 강의 여신의 모습으로 변하기 시작했어. 두 손을 하늘을 향해 높이 든 강의 여신 말이야. 그 여신은 마치 비행을 하듯이 두 손을 앞으로 향하고 원더우먼처럼 하늘을 날아가고 있었어.

그 모습을 보니까 어디에서 왔는지도 모를 힘이 온몸에 전류처럼 흐르면서 강한 힘이 솟구치기 시작했지. 칼리간다키 강의 여신이 나에게 용기를 내라고 자신의 모습을 무지개 구름을 통해 보여주신 것 같았어. 난 벌떡 일어났어. 어디라도 갈 힘이 내게 있다고 느꼈지. 그래서 요르단에 갔을 때 여신 신전 앞에서 샀던 스카프를 꺼내서 '아라비아의 로런스'처럼 눈만 내놓고 얼굴을 다 가리게 뒤집어썼지. 그러고는 마치 산악 게릴라 공수특전단처럼 두 팔을 앞뒤로 힘차게 저으며 빠르게 행군을 했어. 김민기의 〈천리길〉을 지구 살림이스트 민병대의 군가처럼 부르면서 말이야.

"가자 천리길 굽이굽이쳐 가자. 흙먼지 모두 마시면서 내 땅에 내가 간다!"

몇 시간쯤 그렇게 땀을 뻘뻘 흘리며 노래 부르며 걸었을까? 저쪽에서 마을이 보이기 시작했어. 그리고 무엇을 보았는지 아니? 내 인생에서 한 번도 본 적이 없는, 거대한 쌍무지개가 하얀 설산을 배경으로 장엄하게 떠 있는 거야. 그건 마치 전쟁에 나갔다 살아온 자식의 귀향길을 반기기 위해 어머니가 마을 어귀 큰 나무에 걸어놓은 오색의 리본 같았어. 눈물이 비 오듯 쏟아져 내렸어. 전 우주가 나처럼 아직도 불평불만과 분노와 증오에 싸여 있는 최하급 순례자까지도 사랑한다는 생각에 말이야. 나는 그때 티베트 사람들처럼 전신을 땅에 붙이고 엎드려 나를 지켜주시는 여신에게 감사의 기도를 올렸어. 내 뜨거운 눈물로 사막같이 메마른 히말라야 고산 마을의 땅을 적시면서. 그렇게 땅에 엎드려 대지에게 속삭였지.

"감사해요, 어머니.

제게 생명을 허락해주셔서.

이 아름다운 지구 위에 살 수 있게 해주셔서.

저를 사랑으로 이끌어주셔서.

저를 치유해주셔서……."

나는 눈물과 흙으로 범벅이 된 얼굴을 대지에 비비며 울었어. 그리고 여신에게 맹세했어. 이제는 나의 남은 삶을 지구와 생명을 살리는 일을 위해 다 바치겠다고. 사막의 무지개 구름 속에서 하늘을 날던 여신과 히말라야 산 위에 뜬 거대한 쌍무지개를 보았으니까 이제는 죽어도 좋다고. 이제부터의 삶은 덤으로 사는 삶이라고 생각하고 진짜 살림이스트 민병대원으로 살겠다고. 그러고는 땅에서 일어나 정말 '미친년 널뛰듯이' 펄쩍펄쩍 뛰었어. 무지개를 향해 활짝 가슴을 펴고, 하늘을 향해 두 팔을 번쩍 들고, 월드컵 축구대회에서 한국이 어려운 골을 성공시켰을 때보다 더 크게 소리 지르며 펄쩍펄쩍 뛰었지.
"Yes! Yes! Yes! I love you! I love you! I love you!"
이렇게 연발하면서 말이야.

리나, Yes, life is beautiful!
네가 사랑의 눈으로, 감사의 눈으로 삶을 바라볼 때 삶은 기적이 된단다. 너의 건강한 몸과 아름다운 정신, 너의 황홀한 성과 시원한 영성을 마음껏 축하하면서 이 끝이 없고 신비한 삶이라는 숲 속으로 두려움 없이 걸어 들어가렴. 새와 풀꽃과 여우와 뱀, 무지개와 소나기와 바람과 아침 이슬, 그리고 따뜻한 사람들이 네 곁에 와서 너의 손을 조용히 잡아줄 거야.

나의 귀여운 흑진주, 리나.
여신을 사랑하렴. 그리고 용감하게 죄를 지으렴.
그녀가 너를 여신들의 대동 세상으로 이끌어줄 거야.
(Love the Goddess and sin boldly.
She will carry you to the 'Kin-dom' of the Goddess.)

이제 이모가 지구, 그리고 우주와 연애할 때 도움이 되는 것들을 알려줄게.

**음악**

김민기, 〈천리길〉

세라 본, 〈Fly Me to the Moon〉

이니그마Enigma의 노래들

스위트 허니 인 더 록, 〈Sometimes〉

리사 티엘, 〈Lady of the Flowing Waters〉

**영화**

토머스 베리 신부의 우주의 기원에 대한 비디오. 어떤 비디오라도 좋아. 그리고 천체 관측소에 가서 별도 바라보렴.

동물의 왕국, 식물의 왕국에 대한 다큐멘터리들

브라이언 스윔, 〈유니버스 스토리Universe Story〉, 〈우주의 숨겨진 가슴The Hidden Heart of the Cosmos〉

**책**

토머스 베리, 브라이언 스윔, 『우주 이야기』

로즈메리 래드퍼드 류터, 『가이아와 하느님』

김재희 엮음, 『깨어나는 여신』

멀린 스톤, 『하느님이 여자였던 시절』

엘리너 게이든, 『옛날 그리고 미래의 여신The Once And Future Goddess』

그리고 에코페미니즘에 관해 나온 모든 책들을 눈여겨봐. 여신으로부터 온 '천기누설'들이니까. 아, 그리고 루미가 쓴 시들을 찾아서 읽으렴.

### 명상

네 안에 진정한 사랑을 불러일으키는 그 모든 것들을 '미친 듯이' 쫓아가보는 거야.

1백 퍼센트 커미트먼트commitment를 가지고 온몸과 마음과 정열을 다 바쳐서.

네가 다다른 그곳에 너 자신에 대한 가장 깊은 비밀이,
삶과 생명에 대한 가장 아름다운 보물이 숨어 있을 거야.
보물찾기 잘 하렴.

2001년 겨울에
With Love, 이모가

# 살림이스트 선언

살림이스트: 명사 '살림'에서 온 말. 모든 것을 살아나게 함

1.

한국의 에코페미니스트 혹은 한국 에코페미니스트의 비전에 참여하고 싶어 하는 세계의 모든 사람들을 의미. 살림이스트는 모든 것(특히 죽어 가는 지구)을 살아나게 함. 살림은 한국 여성이 매일 하는 가정일을 일컬음. 예를 들면 나무하기, 물 긷기, 음식 하기, 빨래하기, 베 짜기, 아이 키우기, 병간호, 노인 돌보기, 꽃·나무 가꾸기, 우물 지키기, 소·닭·개 키우기, 그리고 집의 영靈들을 돌보기 등. 살림은 또한 망가지는 것(냄비, 신발, 그리고 가슴 등)을 고치는 일을 일컬음. 한국 사람들이 "저 여자 살림꾼이네." 하고 말하면 그것은 그 여성이 모든 것을 살아나게 하는 기술, 예술, 전문성이 있음을 말함. 예를 들면 모든 사람을 배부르고 행복하게 먹이는 것, 가족의 평화, 건강, 풍요함을 끌어내는 것(이때의 가족은 모든 종류의 생명을 포용하는 큰 가족 개념을 의미), 아름다운 삶의 환경을 만드는 일 등.

2.

살림이스트는 마술사, 혁명가, 여신처럼 모든 것을 만짐. 그녀가 만지면 모든 것이 웃고, 자라고, 태어나면서 생생해지고, 색깔을 띠고, 살아나게 됨. 그녀는 채식주의 음식을 즐겨 만듦(그러나 아주 가끔, 그녀가 화가 매우 많이 나면 못된 놈들을 큰 솥에 넣고 끓이기도 함). 그녀는 운동의 전략이나 근본적인 사회 변혁의 비전을 요리해내는 것도 즐김. 그녀는 라틴 아메리카의 에코페미니스트 '콘스피란도'들처럼 함께 머리를 회전시켜서 중요한 것을 짜냄. 그녀는 어떤 조건하에서도 살아남음! 그녀는 깔깔대는 아이들을 씻기는 것, 더러운 늙은 남자들에 의해서 만들어진 정치·경제 제도와 오염된 강을 청소하는 것이 취미임. 어떤 살림이스트들은 더러운 늙은 남자가 만들어내는 쓰레기를 '가부장적 자본주의'라고 부름. 그녀는 포용하는 자, 끌어안는 자임. 그녀는 '다름'들이 신나는 것이며, 우리의 면역 체계를 향상시키는 것이라고 믿음. 다른 종의 식물들과 나무들은 숲을 강하게 만들고, 다른 민족들은 만나서 아주 예쁜 아이들을 만들고, 다른 색 실들은 무지갯빛 색동을 만든다고 믿음. 그녀는 모든 것을 다 포용함. 남녀노소, 빈부귀천, 학력, 성한 몸, 장애인, 성적 취향에 관계없이 모든 사람들을 그녀의 잔치에, 예배에, 부정의에 대항해서 싸우는 데모 등에 그들의 의도가 좋다면 다 참석시킴. 그러나 그녀는 '칼리' 여신처럼 무서운 포용주의자임. 그녀는 만약 못된 의도와 악한 마음들을 보면 정의의 칼로 그 목들을 잘라 그녀의 목걸이를 만들어버림. 그녀는 강인한 남아프리카공화국의 어머니들처럼 "여자를 쳤어? 바위를 친 줄 알아." 하며 부정의를 향해 포효함. 그러나 결국 그녀는 모든 것을 끌어안음. 선과 악, 빛과 그림자, 더러움과 깨끗함, 기쁨과 슬픔, 고통과 해방, 분노와 자비 등. 그것들이 다 그녀의 영혼에, 명상에, 시에 좋은 밑거름들이 되기 때문이라고 함. 그녀는 특히 인도의 칩코 운동을 일으킨 여자들처럼 나무를 끌어안는 것을 좋아함. 도끼를 든 나무꾼들에게 "저를 죽이고 나무를 죽이세요." 하고 윙크하면서.

3.
살림이스트는 모든 것을 재활용함. 종이, 우유팩, 병, 정치가와 지도자들, 옛 애인, 전남편, 고대의 신 들, 그리고 삶 자체를. 혁명적 변화가 빨리 오지 않는다며 사람들이 좌절하면 그녀는 호탕하게 웃으면서 그들을 격려함. "긴장 푸세요. 백만 번도 더 이 삶으로 돌아오면서 그 이상을 이루면 되니까요. 지금 여기서 할 수 있는 최선을 다하고 그다음엔 춤춥시다." 하면서.

4.
살림이스트는 '산처럼 생각하는' 평화주의자임. 한국에 있는 살림이스트들 중 어떤 사람들은 결혼을 했는데 그 남편들은 그녀를 '안해-아내'

라고 부름. '햇볕 정책'*으로 그녀는 가는 곳마다 갈등을 비폭력적으로 풀어 평화와 화해, 그리고 조화를 만들어냄. (상상력이 풍부한 언어학자는 한국어의 살림, 히브리어의 샬롬(평화), 아랍어의 살람(평화)이 같은 어원에서 생긴 것이라는 이론을 내놓음. 인류는 모두 아프리카 대륙에서 출발했으므로 그럴 수도 있겠으나 아직 학문적 근거가 밝혀진 것은 아님.)

5.
살림이스트는 여성, 자연, 지구, 여신 등을 사랑함(가끔씩 남신들, 예수, 부처, 루미 같은 신적인 남자들을 사랑하기도 함). 그녀는 밥, 연꽃 등과 모든 여성적인 것, 페미니스트적인 것을 사랑함. 그리고 그녀는 새롭게 자라나고 있는 '살림꾼' 남자들과 모든 흐르는 것을 사랑함. 눈물, 강물, 구름, 생명 에너지, 기, 샥티, 프라나, 루아, 그리고 그녀가 월경하며 흘리는 피 등. 그녀는 "삶은 유기체, 오르가니즘(아니면 오르가슴)이야. 증식시켜!" 하고 속삭임. 그녀는 봄처럼 오고, 오고, 오고, 또 돌아옴. 살림이스트는 그녀의 자궁과 우주의 자궁, 그리고 창조력을 축하함. 그리고 그녀는 어떠한 상황에서도 자신을 사랑함.

---

* '햇볕 정책'은 남한 정부가 북한 정부를 향해 펼친 정책이기도 함. 이 정책은 50년이나 계속된 남북 간의 증오, 의심, 폭력 등을 녹이는 데 조금은 기여했음. 남북한 지도자들은 2000년 6월에 50년의 분단을 넘어 극적으로 상봉했음. 남북한의 여성들은 만약 남북한의 국가원수가 모두 여성이었다면 이미 남북통일을 이루었을 것이라고 생각하고 있음.

6.

만약 우머니스트와 페미니스트의 관계가 보라와 연보라의 관계라면 살림이스트는 짙은 녹색으로 나타남. 그 색은 '어둠을 정면으로 뚫고 들어가 끌어안고 변화시키는En-Darken-Ment' 색임. 그 짙은 녹색은 보랏빛과 연보랏빛의 꽃들을 더욱 아름답게 만듦.

---

살림이스트 선언을 쓸 수 있도록 영감을 주신 한국의 많은 여성들과 흑인 여성 작가 앨리스 워커Alice Walker에게 감사드립니다. 그리고 '살림'이라는 말에 시적 상상력을 불어넣어주신 김지하 선생님께도 감사드립니다.

# SALIMIST Manifesto

Salimist: noun. from the Korean word Salim,
which means literally to make things alive.

1.

A Korean eco-feminist or anyone who wants to share the vision of a Korean eco-feminist. Salimists make things alive, especially dying things like the Earth. Salim refers to a Korean woman's everyday household chores, e.g., gathering wood, water and food, cooking, cleaning, washing, weaving, raising children, healing the sick, caring for the old, as well as for flowers, trees, wells, cows, chickens, dogs, and household spirits. Salim also means to mend broken things, e.g., pots and pans, shoes and hearts. When Korean people say, "Oh! She is a 'Salim-kun'(salim expert)," it means that she has perfected the skill or art of making things alive, e.g., feeding everybody so that they are all full and happy, creating peace, health, and abundant living for the family (the very large extended family of all forms of life) and a beautiful living environment.

2.

Also, a Salimist touches everything like a magician, a revolutionary or a Goddess. At her touch, everything starts to smile, grow and become vivid, colorful, and alive. She loves to cook vegetarian dishes (but occasionally, she may cook some bad guys in her big boiling soup pot when she is really, really mad). She also cooks a vision for fundamental social change, gets involved in movements and develops strategies. She conspires like Latin American eco-feminists, "Conspirando." She survives, no matter what! She loves to clean laughing children, polluted rivers, and the politics and economics of dirty old men. Some Salimists call the smelly garbage of dirty old men "patriarchal capitalism." She is an "inclusivist," or "embracer." She thinks that differences are "wonder-full," good for boosting our immune system. Different plants and trees make a forest strong; people from different races make the most gorgeous babies, different colored threads make rainbow shawls. She includes everybody: men, women, young, old, poor, rich, outcast, incast, educated, uneducated, able-bodied, differently-abled, homo, hetero, bi, omni, and transsexuals in her party, in her worship services, and in her demonstrations against injustice, if they have good intentions and hearts. But she is a tough inclusivist like mother Kali. If she sees wicked intentions and evil hearts, she cuts off every evil head with her sword of Justice when she has to. Then she includes those beheaded evil heads in her necklace. She sings like a strong South African mother, "Now you have touched woman, You have struck a rock," roaring at injustice. In the end, she embraces everything: good and bad, light and shadow, clean and dirty, joy and sorrow, suffering and liberation, anger and compassion, because they are good "compost" material for her soul, her meditation, and her poetry. She especially loves to embrace trees like the Chipko women in India, who hug the trees and say to the loggers with axes, "Over my dead body, please!"

3.

Salimist recycles everything: paper, milk cartons, glass bottles, politicians and leadership positions, ex-lovers, ex-husbands, ex-Gods, and life itself. When people are despairing because revolution seems too slow to come, perhaps least not in their lifetimes, she laughingly encourages people in the movement, by saying, "Hey, hang loose. We can come back again and again, a million times. We just do the best we can do here and now. Then, let's dance!"

4.

Salimist is a peace activist who "thinks like a mountain." In Korea, some Salimists are married. Their husbands call them "An-Hae," which means "the sun of the household." With her warm, compassionate and wise "Sunshine Policy,"* she promotes conflict resolution, non-violent resistance, peace, reconciliation,

---

* "Sunshine Policy" is the policy of the South Korean government toward North Korea. This policy made the ice of 50 years of hatred, suspicion, and violence melt a little bit. The heads of the North and South Korean governments met for the first time in June, 2000 after 50 years of separation. Both South and North Korean women thought that we could have had a unified Korea a long time ago if we had had a woman president in both North and South Korea.

and harmony wherever she goes. (According to some imaginative linguists, the Korean Salim, Hebrew Shalom and Arabic Salaam all derive from the same linguistic root, because originally, all human beings came from Africa. But this theory has not been proven).

5.
Salimist loves women, nature, earth, and Goddess (or some God or god-like men such as Jesus, Buddha or Rumi, for a change). She loves rice, lotus, everything "feminine," and "feminist," according to her own definition. She also loves emerging "Salim-kun" men and everything flowing like tears, rivers, clouds, life energy: ki, shakti, prana, ruah, and menstrual blood. She loves drumming, dancing, singing, and loves making love. She whispers, "Life is an organism (or orgasm)! Multiply!" Then she comes, she comes again, and she comes again and again like a spring. Salimist celebrates her womb and the womb of the universe, and the creative powers of each. And, of course, she loves herself. Because of, in spite of, well, no matter what!

6.

If Womanist is to Feminist as purple is to lavender, Salimist is dark green, the color of "En-Darken-Ment," which makes purple and lavender flowers more beautiful.

---

I give my sincere appreciation to many Korean women in "the movement of life" and Alice Walker who gave me inspiration with her birth of "Womanist." I also give thanks to Korean poet, Kim Chi Ha who provide poetic imagination to Korean word "Salim."

여성의 영혼을 치유하는 음악
## 제니퍼 베레잔의 명상음악 순례

# She Carries Me

Jennifer Berezan

1. She Who Hears the Cries of the World (22:45)

2. She Carries Me (12:36)

제니퍼 베레잔Jennifer Berezan은 지난 20년간 많은 명상적인 노래들을 만들어왔다. 그녀는 캐나다 출신의 뮤지션으로 치유, 여신의 영성, 고대의 신비 등을 주제로 창작활동을 해왔다. 캘리포니아 통합학문학교California Institute of Integral Studies의 교수이자, 국제적으로 '여신 영성', '영신 기행' 등의 세미나와 공연을 하고 있는 그녀는 현재 미국 버클리에 살고 있다.

여기서 소개하는 《She Carries Me(그녀는 나를 데려가네)》*는 자비와 지혜의 여신인 권인(관세음보살의 중국어 발음), 티베트 여신이며 모든 부처님의 어머니인 타라, 가톨릭교회의 성모 마리아, 그리고 지구 여신 가이아를 찬양하는 명상음악이다.

* 책에 소개된 제니퍼 베레잔의 명상음악은 열림원 카페에서 다운로드 하실 수 있습니다.
  http://cafe.naver.com/yolimwonbook/2063

나는 제니퍼 베레잔의 이 음반을 캐나다 토론토에 있는 '여신 책방'에서 5년 전에 발견했다. 그리고 여성들을 위한 치유제례와 명상을 아프리카, 유럽, 북아메리카, 라틴아메리카, 아시아 등에서 이끌 때마다 이 곡을 틀었다. 국경, 인종, 문화를 초월해서 세계의 많은 여성들이 이 음악을 통해 치유받는 것을 내 눈으로 직접 목격할 수 있었다.

나는 이 치유의 기적을 한국의 여성들과도 나누고 싶어, 그녀의 특별한 허락을 얻어 『미래에서 온 편지』의 치유의 동반자로 초대했다. 너그럽게 허락을 해준 제니퍼 베레잔에게 진심으로 감사한다. 우리를 '그곳'으로 데려다 주는 '그녀'의 사랑으로 많은 치유의 기적이 한국 여성들에게도 일어나기를 소망한다.

## She Who Hears the Cries of the World

I
I who am the beauty of the green earth,
And the white moon among the stars,
And the mysteries of the waters

I call upon your soul to arise
And come unto me

For I am the soul of the nature
That gives life to the universe

From me all things proceed
And unto me they must return

Let my worship be in the heart that rejoices
For behold all acts of love and pleasure
Are my rituals

Let there be beauty and strength,
Power and compassion, honor and humility,
Mirth and reverence within you

And you who seek to know me know that

Your seeking and yearning will value not
Unless you know the mystery……

For that which you seek you find not within yourself,
You will never find without

For behold I have been with you,
From the beginning

And I am that which is tamed
At the end of desire.


II
Hail Mother full of grace power is with thee
Blessed are you Queen of the universe and blessed is all of creation
Holy Mother, maker of all things
Be with us now and always. Blessed be.

## 세상의 울음소리를 듣는 그녀

I
나는 녹색 지구의 아름다움,
별들 속의 하얀 달,
물의 신비.

나는 당신의 영혼을 부른다. 일어나라고
그리고 내게 오라고.

왜냐하면 나는 자연의 영혼
내 영혼은 우주에 생명을 불어넣는다.

나로부터 만물이 나왔고
나에게로 만물은 돌아온다.

나의 예배는 기뻐하는 가슴속에 있다.
왜냐하면 모든 사랑과 기쁨의 행위가
다 나의 예배이기에.

당신 안에 아름다움과 용기,
힘과 자비, 자존심과 겸허함,
기쁨과 경외심이 있기를.

나를 찾아 헤매는 당신, 알아두라.

당신의 찾아 헤맴과 기다림 모두 소용없음을,
만일 당신이 그 신비를 알지 못한다면……

당신이 찾는 것을 당신 안에서 발견하지 못한다면
당신은 어디서도 그것을 찾지 못하리라.

나를 보라, 나는 늘 당신과 함께 있었다.
태초로부터.

그리고 나는 갈망의 끝에서
길들여지는 존재.


Ⅱ
영광의 어머니
은총으로 가득 찬 분
힘은 당신과 함께합니다.

우주의 여왕이여, 축복받으소서
창조만물이여, 축복받으소서.

거룩한 어머니
만물을 만드신 자
지금 우리와 함께하소서.
축복이 당신과 항상 함께하시기를.

## She Carries Me

She is a boat
She is a light high on a hill in dark of night
She is a wave, she is the deep
She is the dark where angels sleep
When all is still and peace abides
She carries me to the other side
She carries me, She carries me
She carries me to the other side

And though I walk through valleys deep
And shadows chase me in my sleep
On rocky cliffs I stand alone
I have no name, I have no home
With broken wings I reach to fly
She carries me to the other side
She carries me……

A thousand arms, a thousand eyes
A thousand ears to hear my cries

She is the gate, she is the door
She leads me through and back once more
When day has dawned and death is nigh

She'll carry me to the other side
She carries me……

She is the first, she is the last
She is the future and the past
Mother of all, of earth and sky
She carries me to the other side
She carries me…….

# 그녀는 나를 데려가네

그녀는 배
그녀는 깜깜한 밤 언덕 위의 빛
그녀는 파도
그녀는 깊음
그녀는 천사들이 잠드는 곳의 어두움
모든 게 잔잔해지고
평화가 머물 때
그녀는 그곳으로 나를 데려가네
그녀는 나를 데려가네

내가 깊은 골짜기를 홀로 걸을 때
그림자가 나의 꿈속에서조차 나를 쫓아올 때
높은 절벽 위에 홀로 서 있을 때
내가 이름조차 없을 때
내가 돌아갈 집이 없을 때
내가 부러진 날개로 날아오르려 할 때
그녀는 그곳으로 나를 데려가네
그녀는 나를 데려가네

천 개의 손으로
천 개의 눈으로
천 개의 귀로
그녀는 내 울음소리를 듣는다네

그녀는 문
그녀는 입구
그녀는 나를 이끌어주고
다시 고향에 돌아갈 수 있게 한다네
동트는 새벽
죽음을 쫓아버리며
그녀는 그곳으로 나를 데려가네
그녀는 나를 데려가네

그녀는 처음
그녀는 끝
그녀는 미래
그녀는 과거
만물의 어머니
땅과 하늘의 근원
그녀는 그곳으로 나를 데려가네
그녀는 나를 데려가네

## 미래에서 온 편지
내 안의 여신을 발견하는 10가지 방법

초판 1쇄 발행  2013년 12월 30일
초판 5쇄 발행  2024년 11월  1일

**지은이**  현경
**그린이**  곽선영
**펴낸이**  정중모
**펴낸곳**  도서출판 열림원

**등록**  1980년 5월 19일 (제406-2000-000204호)
**주소**  경기도 파주시 회동길 152
**전화**  031-955-0700 | **팩스**  031-955-0661
**홈페이지**  www.yolimwon.com | **이메일**  editor@yolimwon.com
**인스타그램**  @yolimwon

© 2013, 현경
ISBN 978-89-7063-788-4  03810

* 저자와 출판사의 서면 허락 없이 내용의 일부를 무단 사용하거나 발췌하는 것을 금합니다.
* 책값은 뒤표지에 있습니다. 잘못된 책은 구입하신 곳에서 교환해드립니다.

**현경의 "여신女神" 3부작**

"나는 이 책을 통해 딱 한 마디를 하고 싶었다.
그것은 우리가 어떤 큰 슬픔이나 상처, 분노와 두려움도
그것을 큰 기쁨과 치유, 자비와 자유로 바꿀 수 있는
내적인 힘을 가지고 있다는 것이다." _현경

## 결국은 아름다움이 우리를 구원할 거야 1
### 뉴욕의 여신

'일이나 사랑이나 인생이나 사람이나 다 그렇고 그런 것'이라는 비참한 결론에 도달한 현경은 자기 자신을 치유하기 위해, 꼭 죽어야만 한다면 한마디 유언이라도 남기기 위해 책을 쓰기 시작한다. 한국을 떠나기까지의 내적 고민과 뉴욕 유니언 신학대학의 교수로 부임한 첫 해의 뜨거운 삶이 펼쳐진다.

## 결국은 아름다움이 우리를 구원할 거야 2
### 히말라야의 여신

번뇌는 쉽사리 끊어지지 않았다. 현경은 기독교 신학자임에도 머리를 깎고 계룡산 신원사로 스님들과 동안거를 하러 들어간다. 그리고 1년간 '방랑하는 수도승'으로 히말라야 수도원에 자리 잡고 영적 순례를 시작한다. 현경의 여신인 '그녀'와의 만남, 그녀의 위로와 가르침을 통해 '일과 사랑', '참나'를 찾아가는 치유의 과정을 담았다.

## 미래에서 온 편지
### 내 안의 여신을 발견하는 10가지 방법

현경이 히말라야 순례 중에 깨달은 여신의 지혜를 조카 리나와 미래 세대 여성들을 위해 정성스럽게 소개한 책. 내 안의 여신을 발견하고 열렬히 사랑하기 위한 음악, 책, 영화, 마음을 평화롭게 해주는 명상법, 세계적 영성음악가 제니퍼 베레잔의 명상음악이 도움을 준다.